スーパーの
エキスパート店《てん》員《いん》が
教《おし》える

おいしい 野《や》菜《さい》まるみえ図《ず》鑑《かん》

青《あお》髪《がみ》のテツ 著者《ちょしゃ》
わたなべみきこ イラスト

KADOKAWA

はじめに

「今日《きょう》のトマト甘《あま》かった！」
「このキュウリ新鮮《しんせん》！」
「ミカンどれもおいしい！」

毎日《まいにち》食《た》べる野菜《やさい》や果物《くだもの》だからこそ
少《すこ》しでもおいしいものを選《えら》んで食《た》べたいですよね。

僕《ぼく》はスーパーの青果部《せいかぶ》で10年《ねん》以上《いじょう》働《はたら》き、
SNS《エスエヌエス》を通《とお》して
たくさんの消費者《しょうひしゃ》の方々《かたがた》と接《せっ》する機会《きかい》がありました。

話《はな》して気《き》づくのが
「意外《いがい》と野菜《やさい》のことを知《し》ってもらえていない！」ということ。

野《や》菜《さい》には隠《かく》れた魅《み》力《りょく》がたくさんあり、
もっともっとそのおいしさに気《き》づいてほしい。

その思《おも》いから、
これまで培《つちか》った知《ち》識《しき》や経《けい》験《けん》を
余《あま》すことなくこの本《ほん》に注《そそ》ぎ込《こ》みました。

ぜひこの本《ほん》を読《よ》んだ後《あと》は
近《ちか》くのスーパーに足《あし》を運《はこ》んで
まるで「宝《たから》探《さが》し」のように、
おいしい野《や》菜《さい》を選《えら》んで
たくさん野《や》菜《さい》を食《た》べてほしいです。

青《あお》髪《がみ》のテツ

この本《ほん》の読《よ》み方《かた》

見分《みわ》け方《かた》ポイント

おいしい野菜《やさい》を見分《みわ》けるときの「特徴《とくちょう》」や「コツ」がわかります。イラストと一緒《いっしょ》にチェックしてください。

旬《しゅん》の目安《めやす》 1月 2月 3月 4月 5月 6月 7月 8月 9月 10月 11月 12月

おいしい!

01

キュウリはイボが立《た》っているほうがおいしい

くびれがなく、太《ふと》さが均一《きんいつ》!
トゲトゲしてるだろ
おいしいメガネ
イボがありトゲがとがっている!

野菜博士《やさいはかせ》への道《みち》

ヒマラヤ山脈《さんみゃく》が原産地《げんさんち》で、3000年前《ねんまえ》から栽培《さいばい》されていたといわれています。日本《にっぽん》には6世紀頃《せいきごろ》に中国《ちゅうごく》から伝《つた》わりましたが、栽培《さいばい》されるようになったのは江戸時代《えどじだい》。約《やく》95%が水分《すいぶん》ですが、カリウムやビタミンC《シー》も含《ふく》んでいます。カリウムは利尿作用《りにょうさよう》があり、むくみを改善《かいぜん》する効果《こうか》が期待《きたい》できます。

生産地《せいさんち》TOP3

1位《い》	宮崎《みやざき》	11.5%
2位《い》	群馬《ぐんま》	10.8%
3位《い》	埼玉《さいたま》	8.3%

20

生産地《せいさんち》TOP《トップ》3

生産量《せいさんりょう》が多《おお》い都道府《とどうふ》県《けん》を示《しめ》しています。社会科《しゃかいか》の学習《がくしゅう》にも役《やく》立《だ》ちます。

野菜博士《やさいはかせ》への道《みち》

歴史《れきし》や由来《ゆらい》、栄養素《えいようそ》などの「野菜《やさい》の教養《きょうよう》」が身《み》につきます。

おいしいメガネ

野菜《やさい》の特徴《とくちょう》
ぜんぶまるみえ!

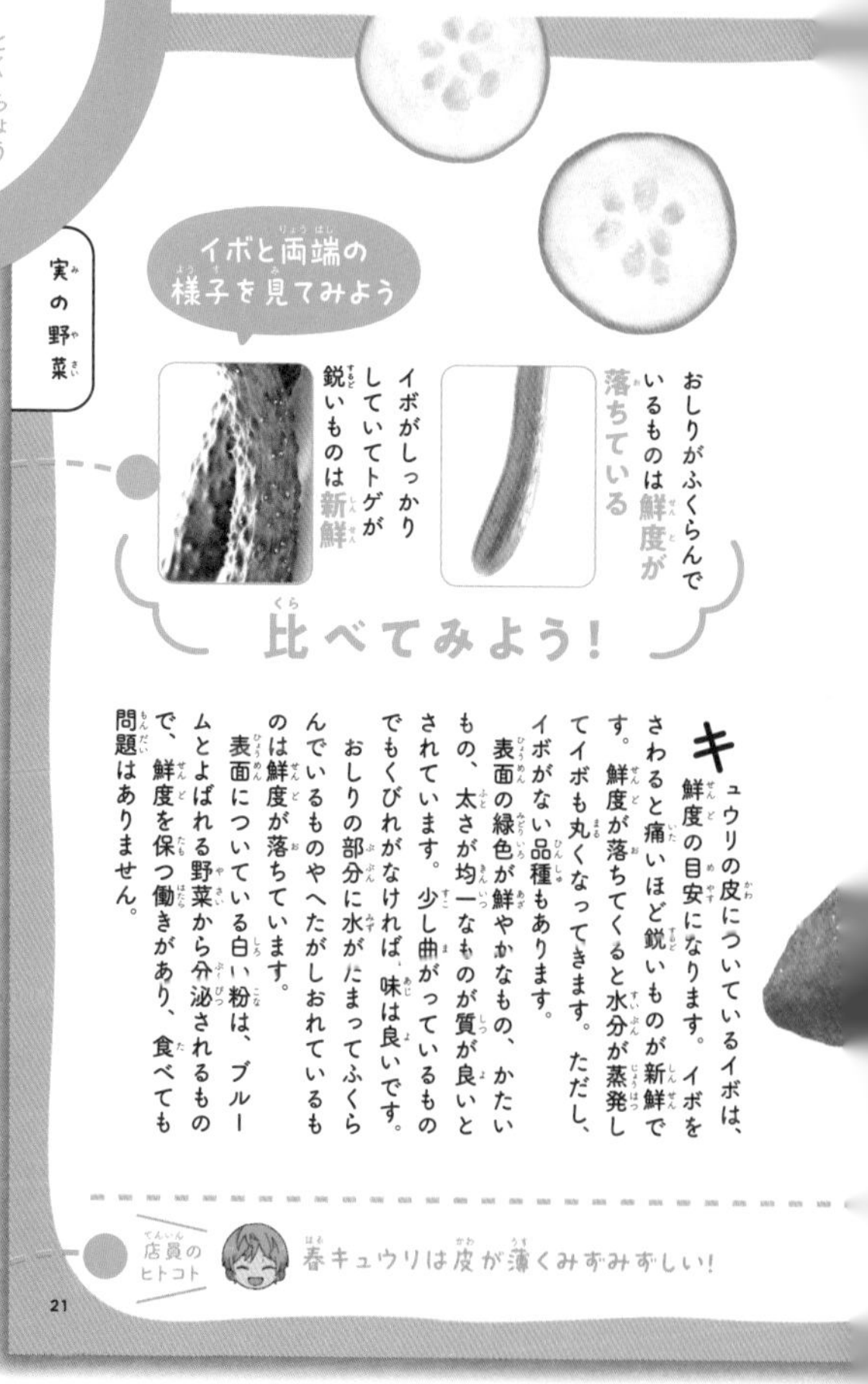
実《み》の野菜《やさい》

イボと両端《りょうはし》の様子《ようす》を見《み》てみよう

おしりがふくらんでいるものは鮮度《せんど》が落《お》ちている

イボがしっかりしていてトゲが鋭《するど》いものは新鮮《しんせん》

比《くら》べてみよう!

キュウリの皮《かわ》についているイボは、鮮度《せんど》の目安《めやす》になります。イボをさわると痛《いた》いほど鋭《するど》いものが新鮮《しんせん》です。鮮度《せんど》が落《お》ちてくると水分《すいぶん》が蒸発《じょうはつ》してイボも丸《まる》くなってきます。ただし、イボがない品種《ひんしゅ》もあります。

表面《ひょうめん》の緑色《みどりいろ》が鮮《あざ》やかなもの、かたいもの、太《ふと》さが均一《きんいつ》なものが質《しつ》が良《よ》いとされています。少《すこ》し曲《ま》がっているものでもくびれがなければ、味《あじ》は良《よ》いです。

おしりの部分《ぶぶん》に水《みず》がたまってふくらんでいるものやへたがしおれているものは鮮度《せんど》が落《お》ちています。

表面《ひょうめん》についている白《しろ》い粉《こな》は、ブルームとよばれる野菜《やさい》から分泌《ぶんぴつ》されるもので、鮮度《せんど》を保《たも》つ働《はたら》きがあり、食《た》べても問題《もんだい》はありません。

店員《てんいん》のヒトコト　春《はる》キュウリは皮《かわ》が薄《うす》くみずみずしい!

21

写真《しゃしん》で解説《かいせつ》

「良《よ》い状態《じょうたい》」と「悪《わる》い状態《じょうたい》」の野菜《やさい》をそれぞれ写真《しゃしん》で比較《ひかく》しています。イラストで分《わ》かりにくい部分《ぶぶん》は、写真《しゃしん》を見比《みくら》べて確認《かくにん》してみてください。

店員《てんいん》のヒトコト

スーパーの店員《てんいん》ならではの豆知識《まめちしき》を紹介《しょうかい》しています。

もくじ

STAFF

野菜イラスト
わたなべみきこ

キャラクターイラスト
Gurin.

デザイン・組版
あんバターオフィス

校正
株式会社鷗来堂

構成協力
荒木久恵

編集
笠原裕貴

◎本書に掲載されている野菜などの名称、特徴、旬、生産地はお住まいの地域や品種によっては一致しない場合があります。
◎本書ではスーパーで販売されている一般的な品種について説明しています。

食《た》べてみんな幸《しあわ》せ

野菜《やさい》の価格《かかく》は
どうやって決《き》まるか知《し》っていますか？

いろんな理由《りゆう》がありますが、
一番《いちばん》は「需要《じゅよう》（買《か》う人《ひと》）」と
「供給《きょうきゅう》（売《う》る人《ひと》）」の関係《かんけい》です。

市場《しじょう》に出回《でまわ》る野菜《やさい》の量《りょう》が増《ふ》えて、
「野菜《やさい》を買《か》いたい人《ひと》」よりも
「野菜《やさい》の量《りょう》」が大《おお》きく上回《うわまわ》ると
野菜《やさい》の価値《かち》が下《さ》がって価格《かかく》も下《さ》がります。

「価格《かかく》が下《さ》がるならいいことだよね」

と思《おも》うかもしれませんが、
価格《かかく》が下《さ》がることはつまり、
野菜《やさい》を作《つく》っている農家《のうか》さんの収入《しゅうにゅう》が減《へ》るということです。

そうすると農家《のうか》さんは廃業《はいぎょう》に追《お》い込《こ》まれて、
国産《こくさん》の野菜《やさい》がどんどん減《へ》ってしまう
ことになりかねません。
これまで食《た》べていた野菜《やさい》が
食《た》べられなくなるかもしれません。

野菜《やさい》をたくさん食《た》べて
消費《しょうひ》することは、
野菜《やさい》を作《つく》っている人《ひと》を
応援《おうえん》することにつながるのです。

ひと目《め》でわかる！

旬《しゅん》の時《じ》期《き》一《いち》覧《らん》（野《や》菜《さい》・果物《くだもの》）

1月 2月 3月 4月 5月 6月 7月 8月 9月 10月 11月 12月

春《はる》（3～5月《がつ》）

グリーンピース

ナガイモ

タケノコ

キャベツ

アスパラガス

ニラ

セロリ

タマネギ

シイタケ

1月 2月 3月 4月 5月 6月 7月 8月 9月 10月 11月 12月

夏《なつ》（6～8月《がつ》）

キュウリ

トマト

ナス

オクラ

ゴーヤ

ピーマン

ズッキーニ

トウモロコシ

アスパラガス

モモ

メロン

サクランボ

スイカ

マンゴー

※品種《ひんしゅ》や地域《ちいき》によって異《こと》なるため、目安《めやす》としてご使用《しよう》ください

1月 2月 3月 4月 5月 6月 7月 8月 9月 10月 11月 12月

秋《あき》（9～11月《がつ》）

カボチャ

ニンジン

ジャガイモ

サツマイモ

ゴボウ

チンゲン菜《さい》

レタス

タマネギ

リンゴ

ブドウ

ナシ

マイタケ

シイタケ

1月 2月 3月 4月 5月 6月 7月 8月 9月 10月 11月 12月

冬《ふゆ》（12～2月《がつ》）

ダイコン

ニンジン

サツマイモ

レンコン

キャベツ

白菜《はくさい》

ほうれん草《そう》

小松菜《こまつな》

長《なが》ネギ

セロリ

ブロッコリー

イチゴ

ミカン

キウイフルーツ

エノキ

ひと目《め》でわかる！保《ほ》存《ぞん》場《ば》所《しょ》一《いち》覧《らん》

0度《ど》　　7度《ど》

チルド室《しつ》（約《やく》0度《ど》）	冷蔵室《れいぞうしつ》（約《やく》0～6度《ど》）	野菜室《やさいしつ》（約《やく》3～7度《ど》）
凍《こお》る寸前《すんぜん》の温度《おんど》で保存《ほぞん》できる	カットした野菜《やさい》や果物《くだもの》は冷蔵室《れいぞうしつ》で保存《ほぞん》する	湿度《しつど》が高《たか》いため乾燥《かんそう》しにくい

冷《れい》蔵《ぞう》室《しつ》

グリーンピース
トウモロコシ
ニンジン
ダイコン
タケノコ
ほうれん草《そう》
チンゲン菜《さい》
小松菜《こまつな》
長《なが》ネギ
レタス
アスパラガス
ニラ
セロリ
イチゴ
リンゴ
ナシ
マイタケ
シイタケ
エノキ

チルド室《しつ》

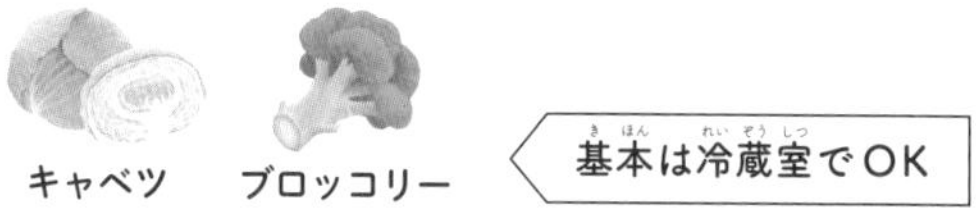
キャベツ
ブロッコリー
基本《きほん》は冷蔵室《れいぞうしつ》でOK

野《や》菜《さい》室《しつ》

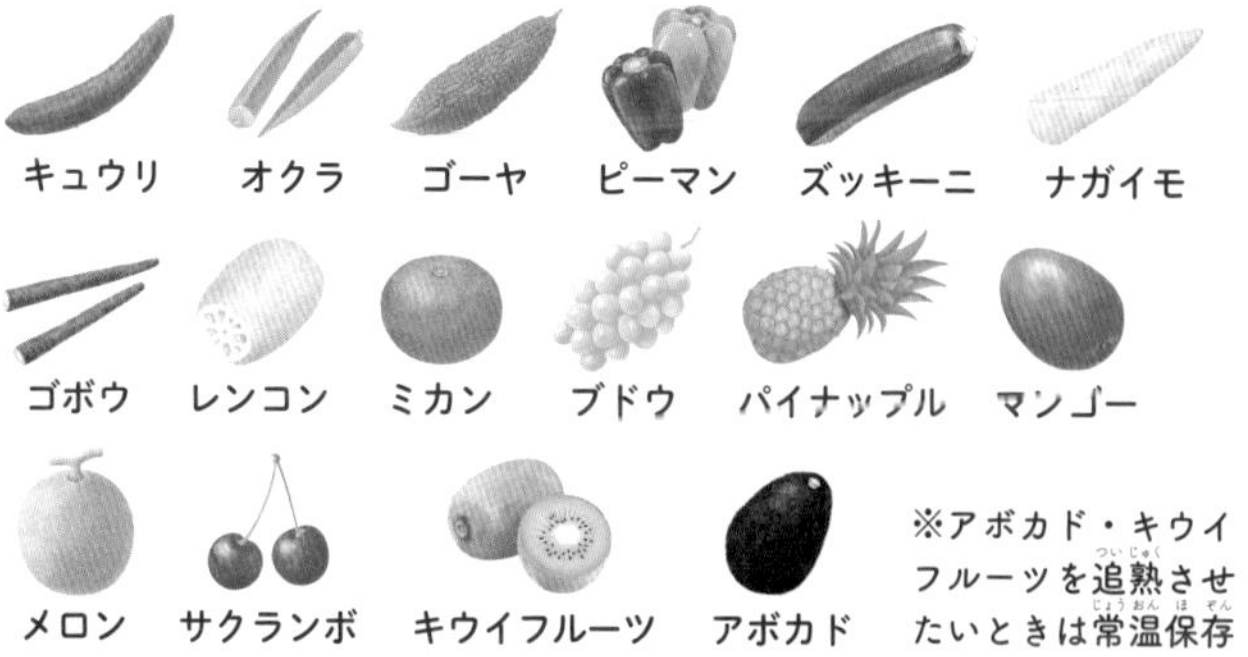
キュウリ
オクラ
ゴーヤ
ピーマン
ズッキーニ
ナガイモ
ゴボウ
レンコン
ミカン
ブドウ
パイナップル
マンゴー
メロン
サクランボ
キウイフルーツ
アボカド

※アボカド・キウイフルーツを追熟《ついじゅく》させたいときは常温保存《じょうおんほぞん》

常《じょう》温《おん》

（風通《かぜとお》しがよく直射日光《ちょくしゃにっこう》が当《あ》たらない）

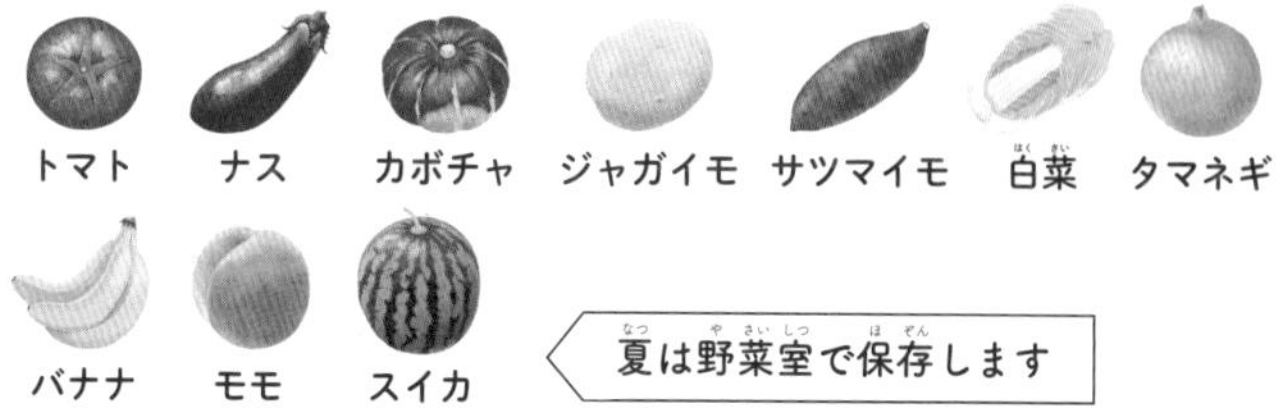
トマト
ナス
カボチャ
ジャガイモ
サツマイモ
白菜《はくさい》
タマネギ
バナナ
モモ
スイカ
夏《なつ》は野菜室《やさいしつ》で保存《ほぞん》します

1章《しょう》「実《み》」を食《た》べるやさい

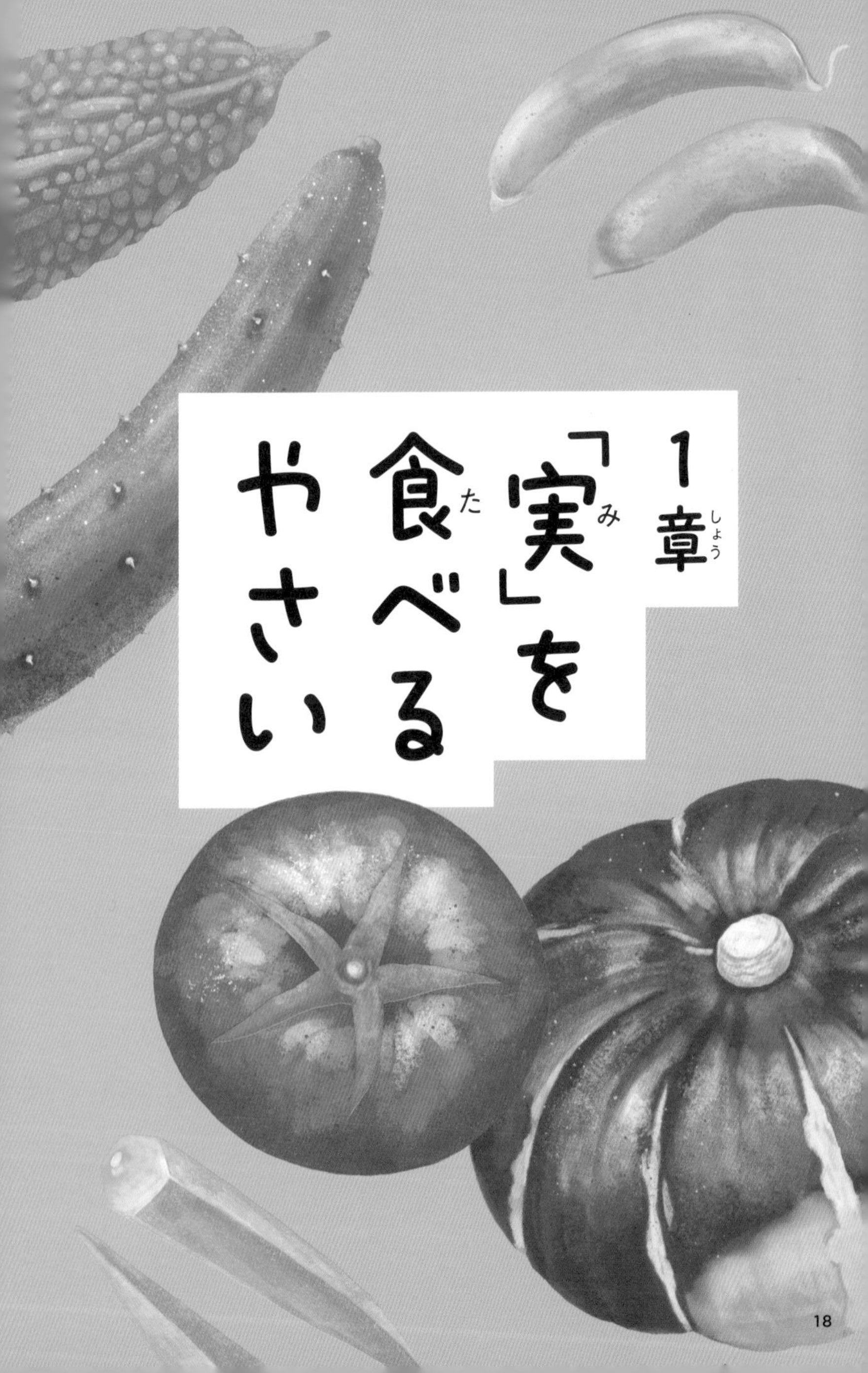

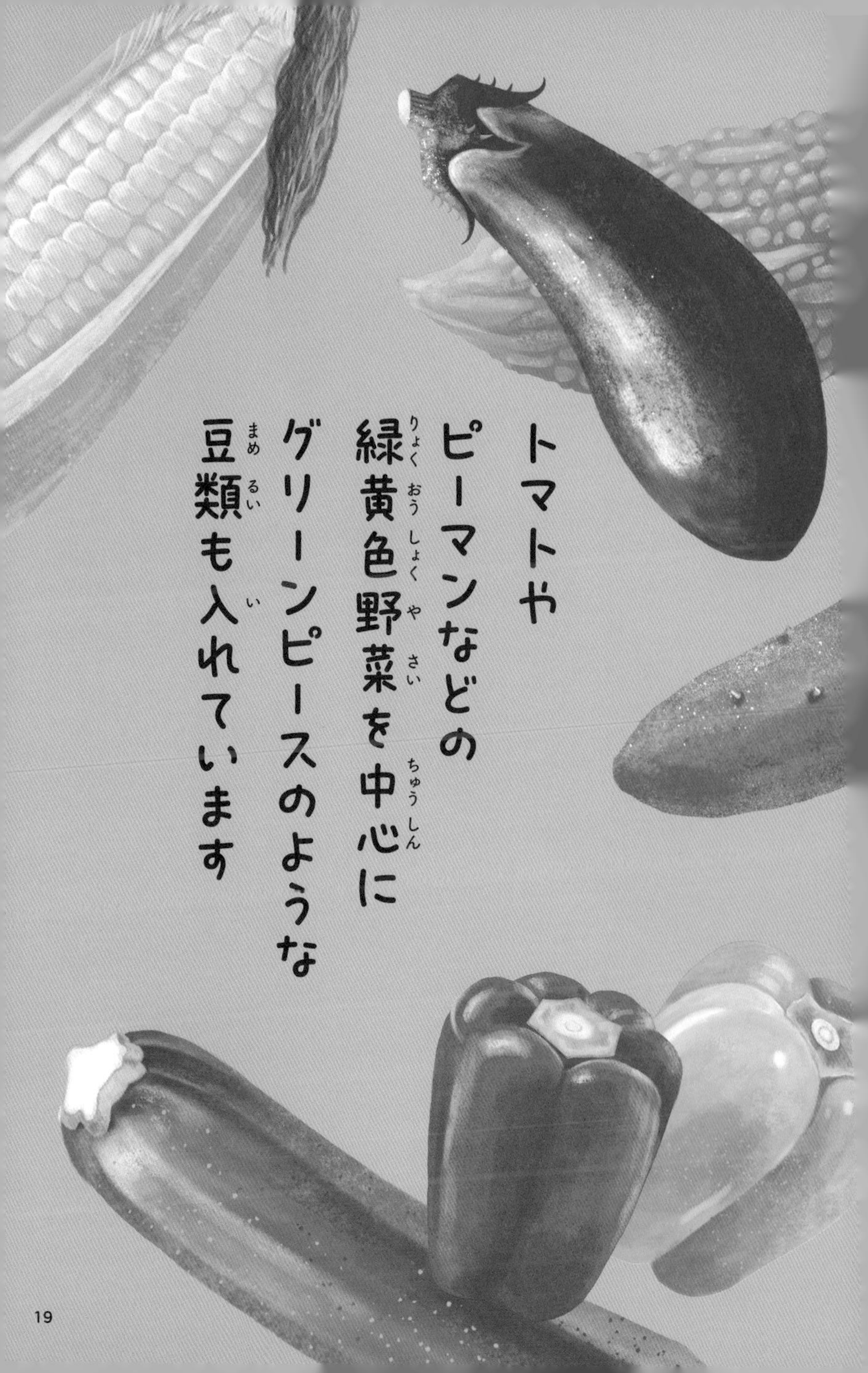

トマトや
ピーマンなどの
緑《りょく》黄《おう》色《しょく》野《や》菜《さい》を中《ちゅう》心《しん》に
グリーンピースのような
豆《まめ》類《るい》も入《い》れています

旬《しゅん》の目安《めやす》　1月 2月 3月 4月 5月 6月 7月 8月 9月 10月 11月 12月

おいしい！

01 キュウリはイボが立《た》っているほうがおいしい

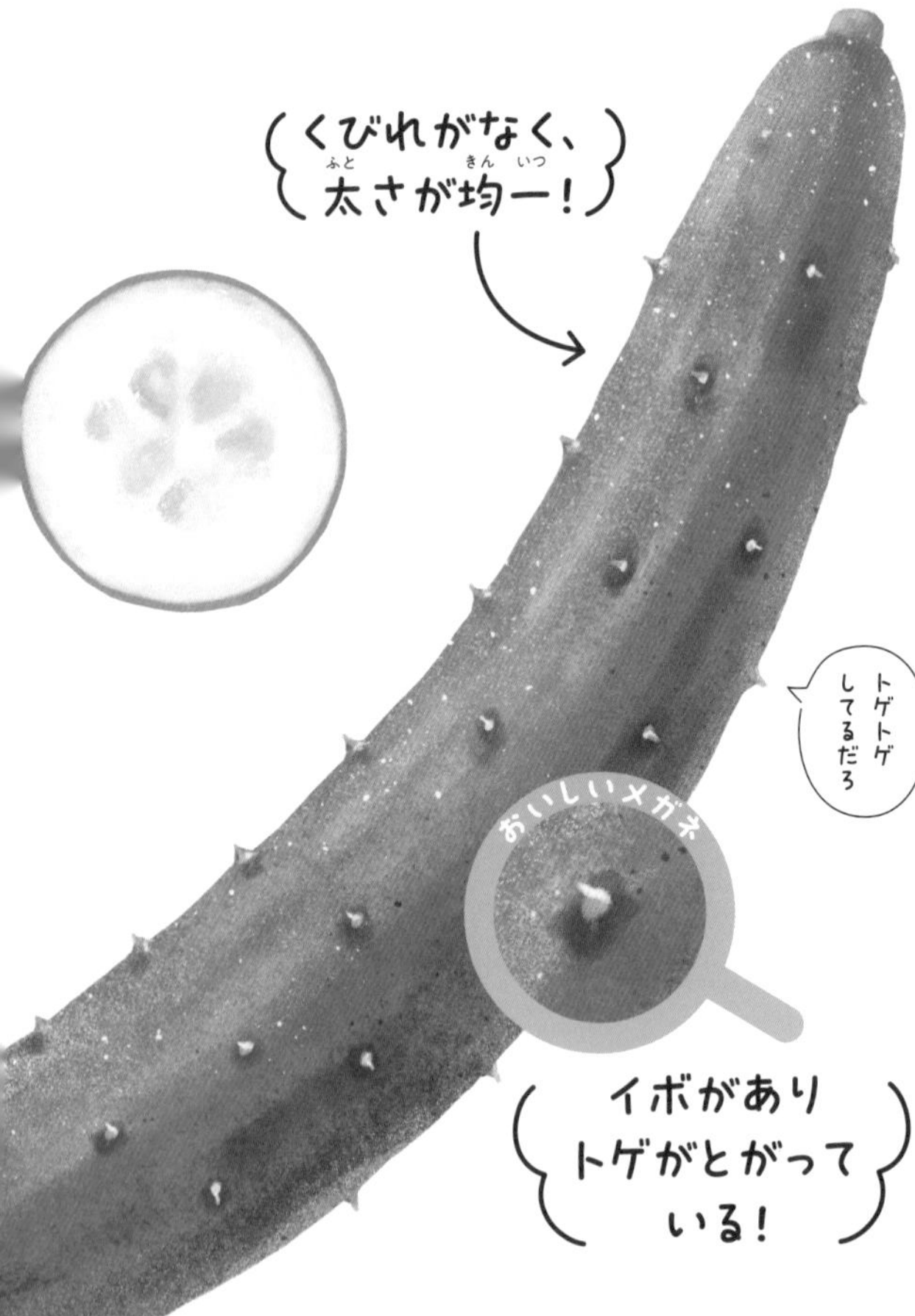

くびれがなく、太《ふと》さが均一《きんいつ》！
トゲトゲしてるだろ
おいしいメガネ
イボがありトゲがとがっている！

野菜博士《やさいはかせ》への道《みち》

ヒマラヤ山脈《さんみゃく》が原産地《げんさんち》で、3000年前《ねんまえ》から栽培《さいばい》されていたといわれています。日本《にっぽん》には6世紀頃《せいきごろ》に中国《ちゅうごく》から伝《つた》わりましたが、栽培《さいばい》されるようになったのは江戸時代《えどじだい》。約《やく》95%が水分《すいぶん》ですが、カリウムやビタミンC《シー》も含《ふく》んでいます。カリウムは利尿作用《りにょうさよう》があり、むくみを改善《かいぜん》する効果《こうか》が期待《きたい》できます。

生産地《せいさんち》TOP3

1位《い》　宮崎《みやざき》　11.5%
2位《い》　群馬《ぐんま》　10.8%
3位《い》　埼玉《さいたま》　8.3%

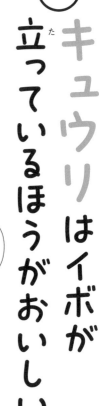

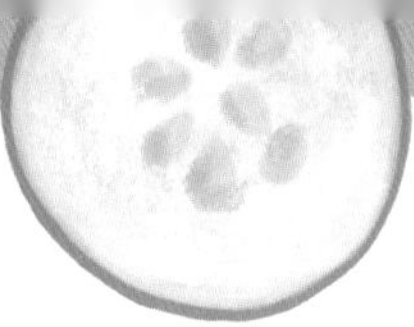

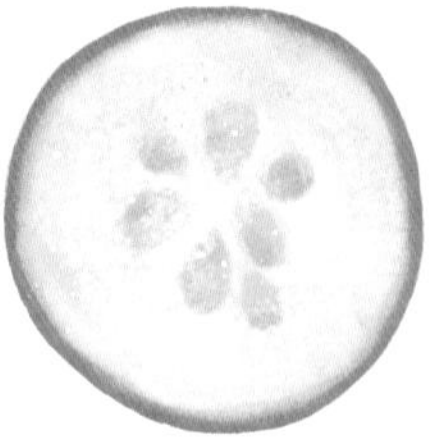

イボと両端《りょうはし》の様子《ようす》を見《み》てみよう

おしりがふくらんでいるものは鮮度《せんど》が落《お》ちている

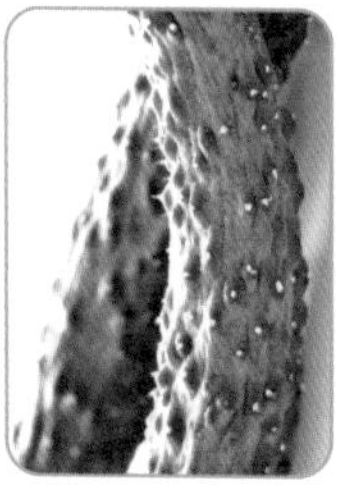

イボがしっかりしていてトゲが鋭《するど》いものは新鮮《しんせん》

比《くら》べてみよう！

キュウリの皮《かわ》についているイボは、鮮度《せんど》の目安《めやす》になります。イボをさわると痛《いた》いほど鋭《するど》いものが新鮮《しんせん》です。鮮度《せんど》が落《お》ちてくると水分《すいぶん》が蒸発《じょうはつ》してイボも丸《まる》くなってきます。ただし、イボがない品種《ひんしゅ》もあります。

表面《ひょうめん》の緑色《みどりいろ》が鮮《あざ》やかなもの、かたいもの、太《ふと》さが均一《きんいつ》なものが質《しつ》が良《よ》いとされています。少《すこ》し曲《ま》がっているものでもくびれがなければ、味《あじ》は良《よ》いです。

おしりの部分《ぶぶん》に水《みず》がたまってふくらんでいるものやへたがしおれているものは鮮度《せんど》が落《お》ちています。

表面《ひょうめん》についている白《しろ》い粉《こな》は、ブルームとよばれる野菜《やさい》から分泌《ぶんぴつ》されるもので、鮮度《せんど》を保《たも》つ働《はたら》きがあり、食《た》べても問題《もんだい》はありません。

店員《てんいん》のヒトコト

春《はる》キュウリは皮《かわ》が薄《うす》くみずみずしい！

旬《しゅん》の目安《めやす》 1月 2月 3月 4月 5月 6月 7月 8月 9月 10月 11月 12月

おいしい!　おいしい!

02

トマトはスターマークがおいしさの目《め》印《じるし》

ヘタは濃《こ》い緑色《みどりいろ》、実《み》は真《ま》っ赤《か》!

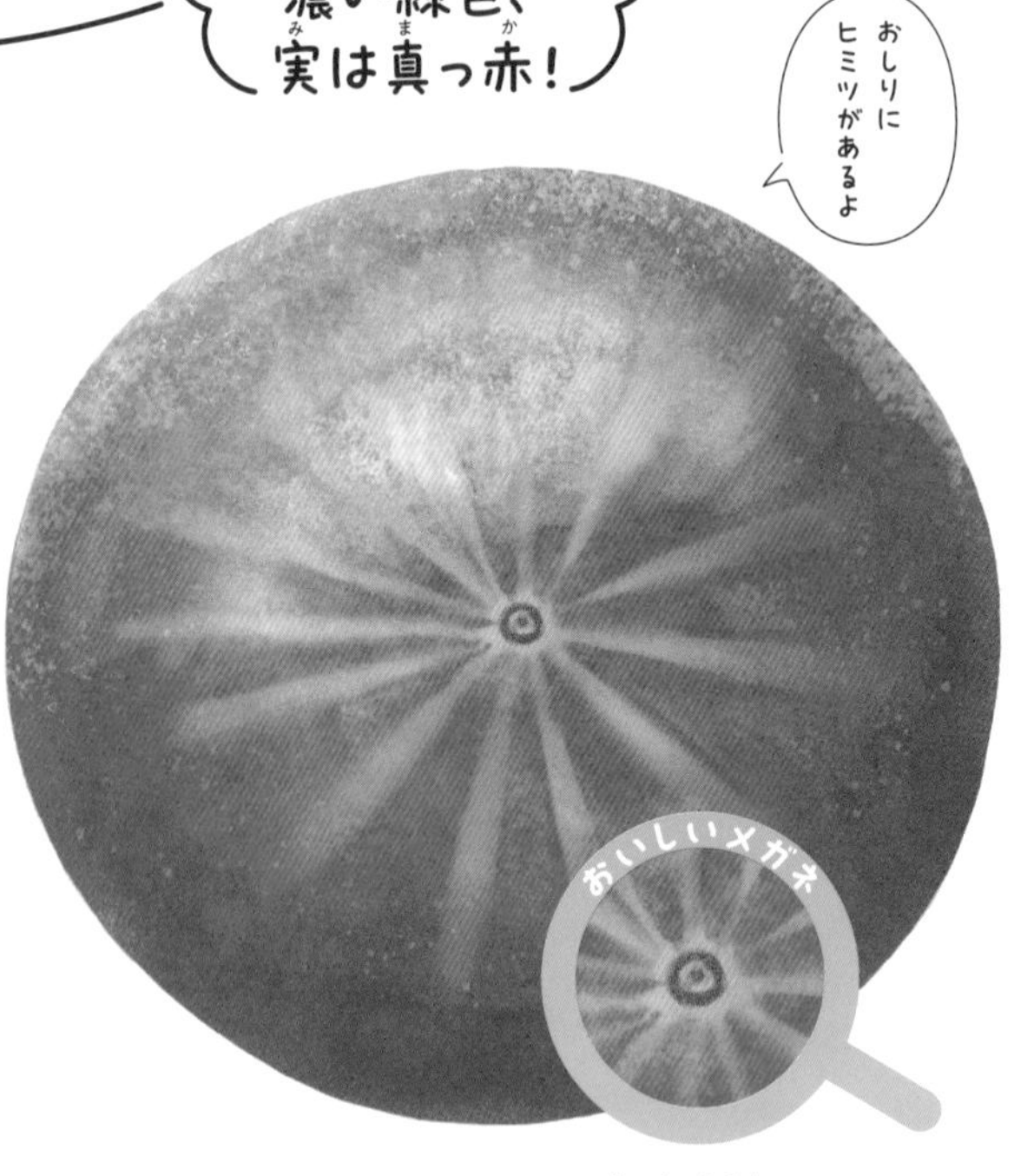

おしりに星《ほし》の形《かたち》が見《み》えている!

野菜博士《やさいはかせ》への道《みち》

南米《なんべい》のアンデス高地《こうち》が原産地《げんさんち》。熟《じゅく》すとリコピンという成分《せいぶん》を作《つく》り出《だ》し、その色素《しきそ》で赤《あか》くなります。カロテノイドの一種《いっしゅ》であるリコピンは抗酸化作用《こうさんかさよう》があり、動脈硬化《どうみゃくこうか》などの病気《びょうき》や老化《ろうか》を予防《よぼう》するといわれています。また、トマトに含《ふく》まれるビタミンC《シー》は熱《ねつ》を加《くわ》えてもこわれにくいです。

生産地《せいさんち》TOP3

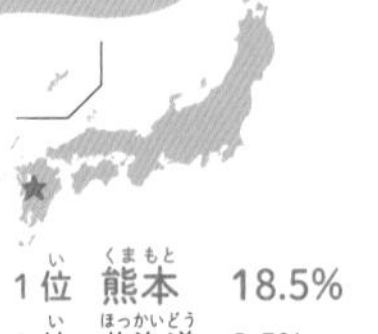

1位《い》	熊本《くまもと》	18.5%
2位《い》	北海道《ほっかいどう》	8.5%
3位《い》	愛知《あいち》	6.1%

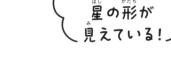

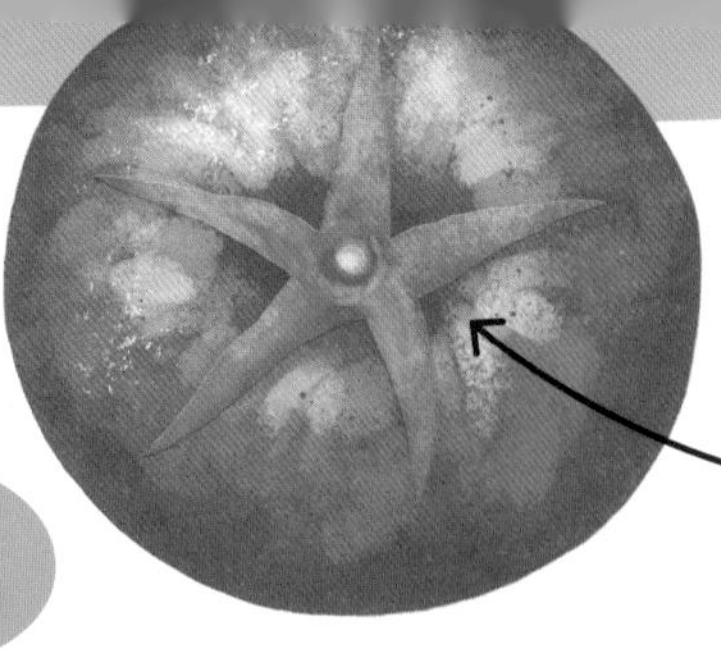

「スターマーク」があるトマトをさがそう

星《ほし》の形《かたち》をした白《しろ》っぽい筋《すじ》があるトマトは甘《あま》い

よく見《み》てみよう！

マメ知識《ちしき》

トマトは熟《じゅく》すとリコピンを作《つく》り出《だ》し赤色《あかいろ》になります。それは子孫《しそん》を残《のこ》すためなのです。赤《あか》いと目立《めだ》つため鳥《とり》などの動物《どうぶつ》に食《た》べられやすくなります。その結果《けっか》、その種子《しゅし》を別《べつ》の場所《ばしょ》により多《おお》く運《はこ》んでもらえるようになると考《かんが》えられています。

おしりからヘタに向《む》かい白《しろ》っぽい放射線状《ほうしゃせんじょう》の筋《すじ》があるものを選《えら》びましょう。養分《ようぶん》が行《い》き渡《わた》り完熟《かんじゅく》しているものに出《で》る筋《すじ》です。この筋《すじ》の数《かず》が多《おお》くハッキリしているトマトほど、生命力《せいめいりょく》が強《つよ》く順調《じゅんちょう》に成熟《せいじゅく》したため濃厚《のうこう》な味《あじ》わいだとされています。

また、形《かたち》がデコボコしているものや、角張《かくば》っているものは中《なか》に空洞《くうどう》ができていることがあります。丸《まる》くてツルッとしていて重《おも》いものが良品《りょうひん》になります。

鮮度《せんど》は皮《かわ》のハリ、ヘタの状態《じょうたい》を見《み》るとわかります。ヘタが乾燥《かんそう》して縮《ちぢ》れているものや皮《かわ》にシワができているもの、やわらかくなっているものは収穫後時《しゅうかくごじ》間《かん》がたっているので避《さ》けましょう。

店員《てんいん》のヒトコト

5〜9月《がつ》以外《いがい》は冷蔵庫《れいぞうこ》に入《い》れないで！
夏以外《なついがい》は常温保存《じょうおんほぞん》がベスト！

旬《しゅん》の目安《めやす》 1月 2月 3月 4月 5月 6月 7月 8月 9月 10月 11月 12月

おいしい!

03 ナスはガクのトゲが鋭《するど》いほどおいしい

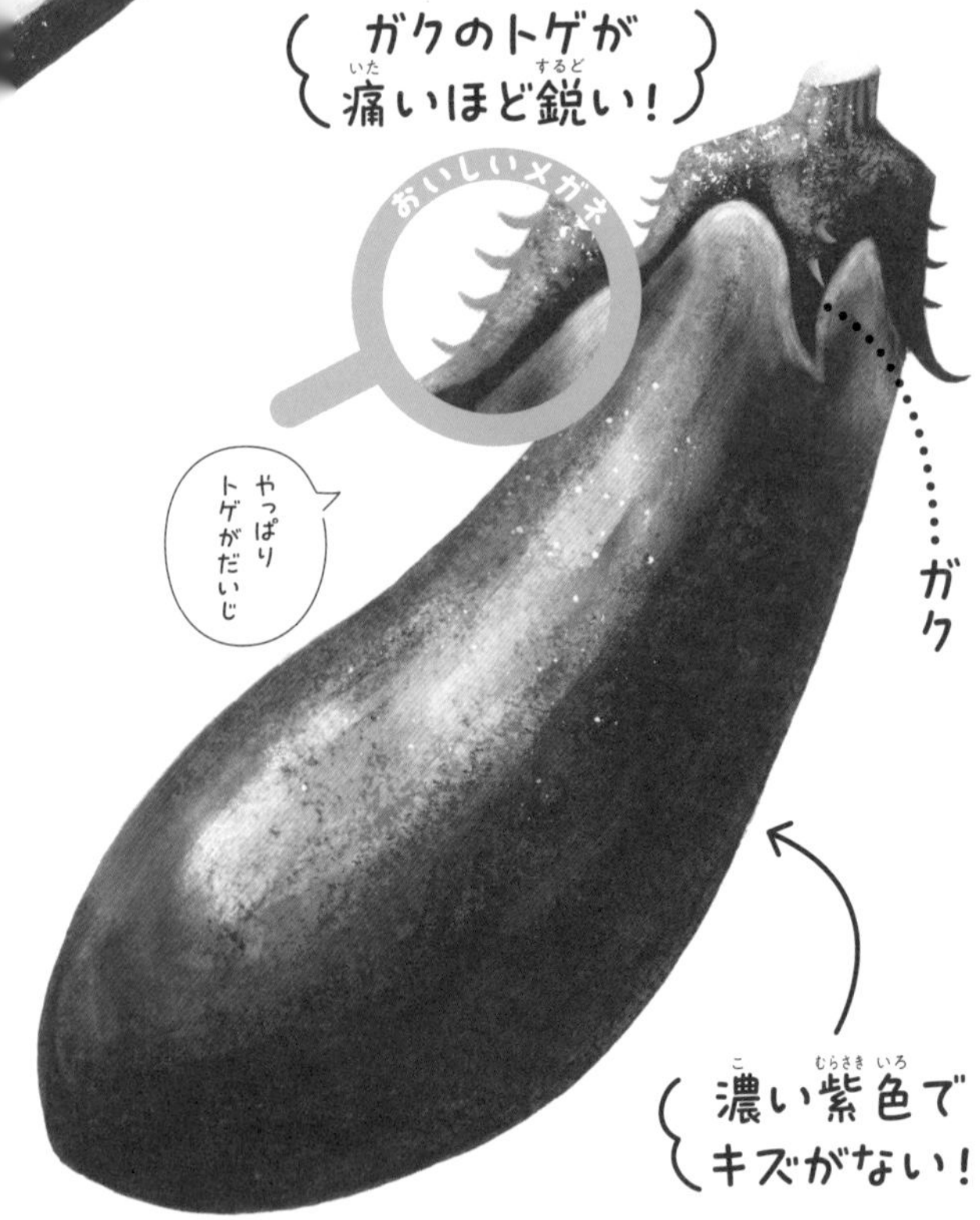

ガクのトゲが痛《いた》いほど鋭《するど》い!
おいしいメガネ
やっぱりトゲがだいじ
ガク
濃《こ》い紫色《むらさきいろ》でキズがない!

野菜博士《やさいはかせ》への道《みち》

インドが原産《げんさん》で、日本《にっぽん》では奈良時代《ならじだい》から食《た》べられている歴史《れきし》ある野菜《やさい》です。約《やく》90%が水分《すいぶん》ですが、ポリフェノールの一種《いっしゅ》のナスニンを多《おお》く含《ふく》みます。ポリフェノールはがんや老化《ろうか》の予防《よぼう》が期待《きたい》でき、目《め》の疲《つか》れをとる効果《こうか》があるといわれています。貧血予《ひんけつよ》防《ぼう》になる葉酸《ようさん》も含《ふく》みます。

生産地《せいさんち》TOP3

1位《い》	高知《こうち》	13.5%
2位《い》	熊本《くまもと》	11.7%
3位《い》	群馬《ぐんま》	8.8%

ガクや実《み》の色《いろ》を よく見《み》てみよう

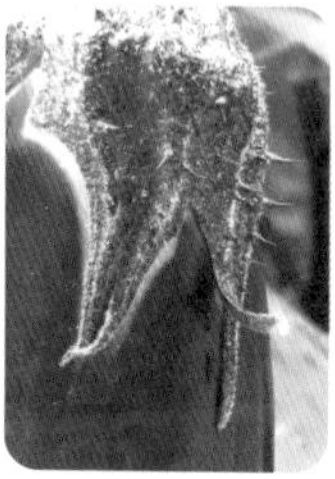

トゲがとがっているほど新鮮《しんせん》

白《しろ》～紫色《むらさきいろ》にグラデーションになっているものは新鮮《しんせん》

よく見《み》てみよう！

皮《かわ》の色《いろ》は濃《こ》い紫色《むらさきいろ》で形《かたち》がふっくらしているものは味《あじ》が良《よ》いです。ナスは水分《すいぶん》が多《おお》い野菜《やさい》なので、軽《かる》いものは実《み》がスカスカしておいしくありません。持《も》ってみて、ずっしりと重《おも》みを感《かん》じるものを選《えら》びましょう。

ガクのトゲがしっかり立《た》っているものほど新鮮《しんせん》です（ただし、トゲがない品種《ひんしゅ》もあります）。ガクが実《み》にしっかりとくっついてそり返《かえ》っていないもの、ガクと実《み》の間《あいだ》が白《しろ》～紫色《むらさきいろ》にグラデーションになっているものも鮮度《せんど》が良《よ》いです。皮《かわ》がしおれているものは、収穫後《しゅうかくご》時間《じかん》がたっているので避《さ》けましょう。ヘタはカビが生《は》えやすく、ガク付近《ふきん》の実《み》は腐《くさ》りやすいので、この部《ぶ》分《ぶん》は重点的《じゅうてんてき》にチェックが必要《ひつよう》です。

店員《てんいん》のヒトコト

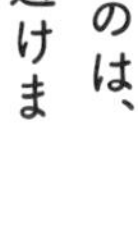

ナスの紫色《むらさきいろ》の成分《せいぶん》「ナスニン」は目《め》に良《い》いよ。ゲームしすぎたときはナスを食《た》べよう！

旬《しゅん》の目安《めやす》 1月 2月 3月 4月 5月 6月 7月 8月 9月 10月 11月 12月

おいしい!

04

カボチャは新《しん》鮮《せん》なほどおいしいわけではない

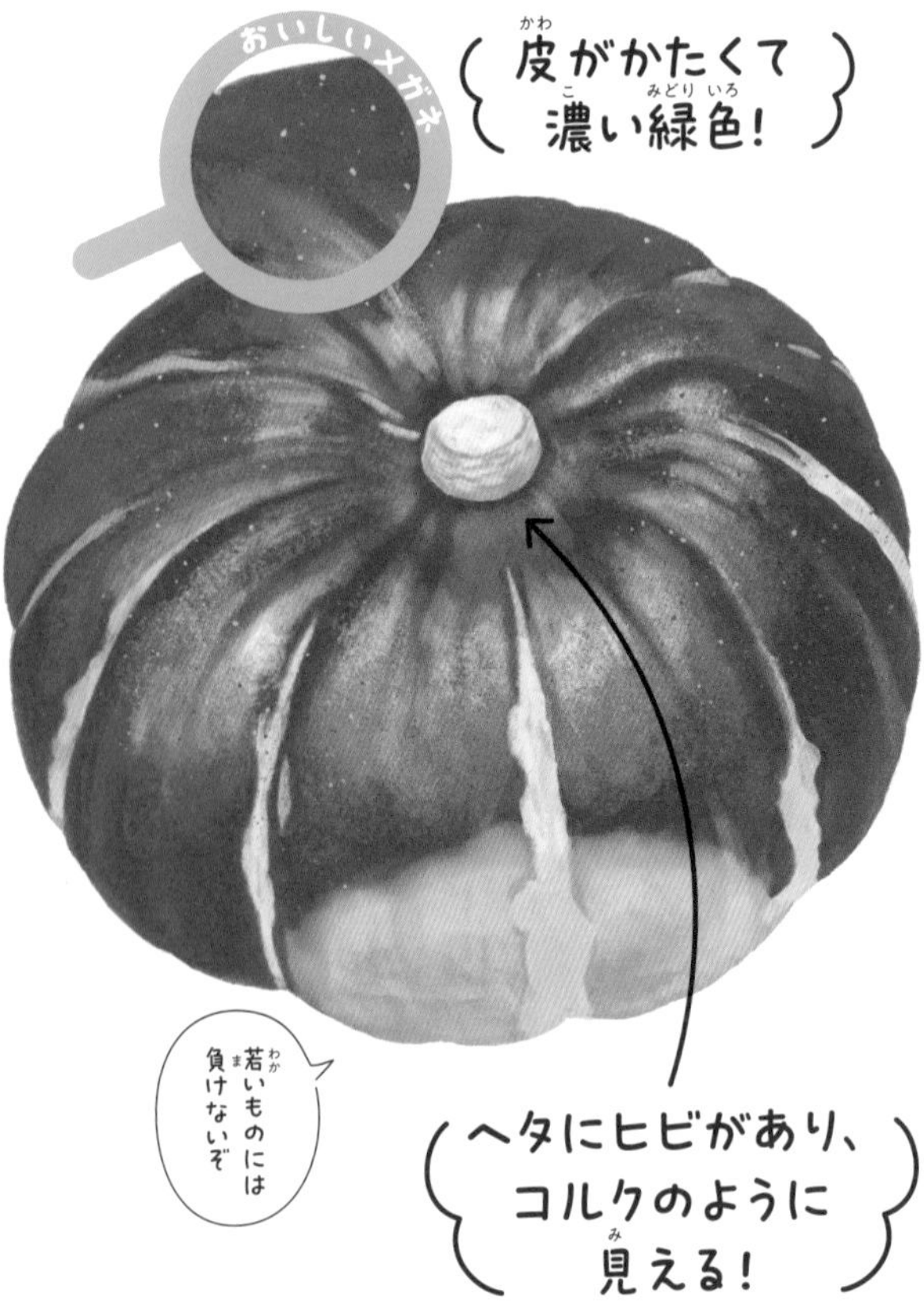
おいしいメガネ
皮《かわ》がかたくて濃《こ》い緑色《みどりいろ》!
若《わか》いものには負《ま》けないぞ
ヘタにヒビがあり、コルクのように見《み》える!

野菜博士《やさいはかせ》への道《みち》

16世紀頃《せいきごろ》にカンボジアから伝《つた》わったのが名前《なまえ》の由来《ゆらい》。オレンジ色《いろ》の果肉《かにく》は体内《たいない》でビタミンA《エー》に変《か》わるβ《ベータ》-カロテンを多《おお》く含《ふく》み、皮《ひ》ふの抵抗力《ていこうりょく》をつけてくれます。ビタミン類《るい》などの栄養《えいよう》も豊富《ほうふ》で、風邪《かぜ》を予防《よぼう》する効果《こうか》があると考《かんが》えられ、冬至《とうじ》にカボチャを食《た》べる習慣《しゅうかん》の一因《いちいん》となりました。

生産地《せいさんち》TOP3

1位《い》 北海道《ほっかいどう》 47.3%
2位《い》 鹿児島《かごしま》 4.4%
3位《い》 茨城《いばらき》 3.7%

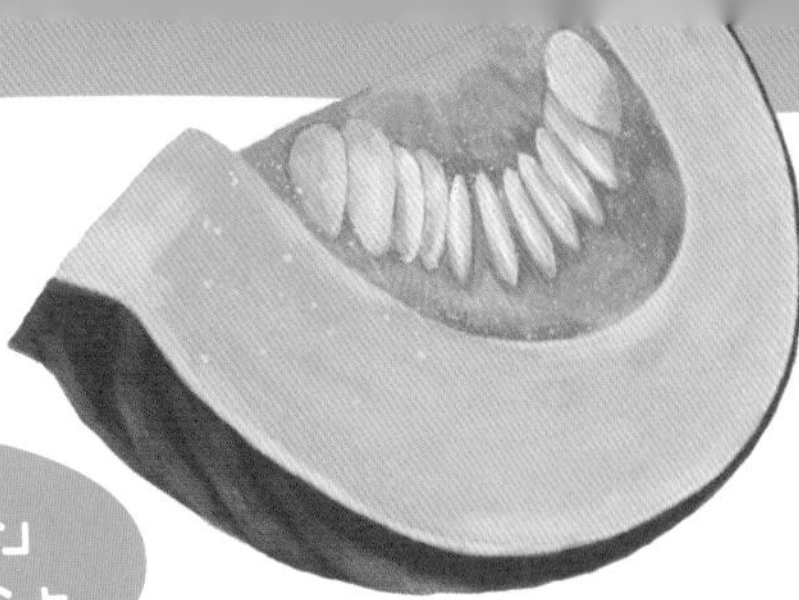

「丸《まる》ごと」と「カット」では見《み》分《わ》け方《かた》が違《ちが》うよ

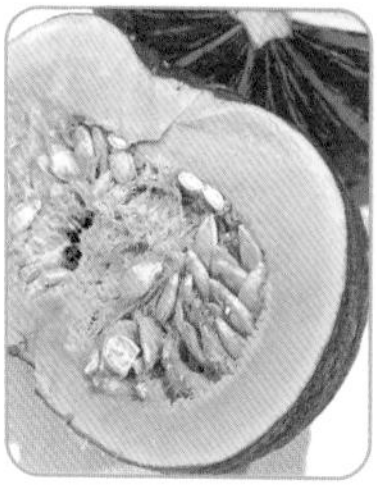

果肉《かにく》が肉厚《にくあつ》で、色《いろ》が濃《こ》く、種《たね》がふっくらしている

皮《かわ》の色《いろ》、ヘタの乾燥《かんそう》具合《ぐあい》、重《おも》みや形《かたち》を見《み》てみよう

よく見《み》てみよう!

カボチャは夏《なつ》に収穫《しゅうかく》した後《あと》、1〜2カ月《げつ》熟成《じゅくせい》させる必要《ひつよう》があります。この工程《こうてい》でデンプンが糖《とう》に変《か》わって完熟《かんじゅく》し、甘《あま》くホクホクとしたおいしいカボチャになります。カボチャは鮮《せん》度《ど》が良《よ》いものより、収穫後《しゅうかくご》時間《じかん》がたち完熟《かんじゅく》したもののほうが甘《あま》みが増《ま》します。ヘタが乾燥《かんそう》してヒビが入《はい》り、コルクのようになっているもの、皮《かわ》がかたくて緑色《みどりいろ》が濃《こ》く、ずっしりと重《おも》いものはちょうどいいタイミングで収穫《しゅうかく》され、完熟《かんじゅく》している証《あかし》です。未熟《みじゅく》のときに収穫《しゅうかく》してしまうと甘《あま》みが薄《うす》く水《みず》っぽいものになってしまいます。

また、ヘタの周《まわ》りがへこんでいるもの、形《かたち》がきれいで左右対称《さゆうたいしょう》なものは生《せい》育状況《いくじょうきょう》が良《よ》く、良品《りょうひん》とされています。

店員《てんいん》のヒトコト

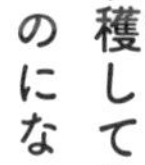

調理《ちょうり》すれば種《たね》も食《た》べられるよ!
実《み》はおいしくて栄養《えいよう》も豊富《ほうふ》!

旬《しゅん》の目安《めやす》 1月 2月 3月 4月 5月 6月 7月 8月 9月 10月 11月 12月

おいしい!

05 グリーンピースは さやつきを選《えら》ぶとおいしい

さやがふっくら &ハリがある!
鮮《あざ》やかな緑色《みどりいろ》!
おいしいメガネ
さやがあるとおちつく~

野菜博士《やさいはかせ》への道《みち》

原産地《げんさんち》はメソポタミア（現在《げんざい》のイラクなど）。石器時代《せっきじだい》から食用《しょくよう》とされていた記録《きろく》がある農作物《のうさくもつ》です。日本《にっぽん》には中国《ちゅうごく》から伝《つた》わりました。食物繊維《しょくもつせんい》を多《おお》く含《ふく》み、グリーンピースひと握《にぎ》りの量《りょう》で大盛《おおも》りサラダ１杯《ぱい》に匹敵《ひってき》するほど。ほかにも体《からだ》を作《つく》るタンパク質《しつ》やビタミン類《るい》を含《ふく》み栄養豊富《えいようほうふ》です。

生産地《せいさんち》 TOP3

1位《い》	和歌山《わかやま》	42.8%
2位《い》	鹿児島《かごしま》	14.6%
3位《い》	北海道《ほっかいどう》	5.4%

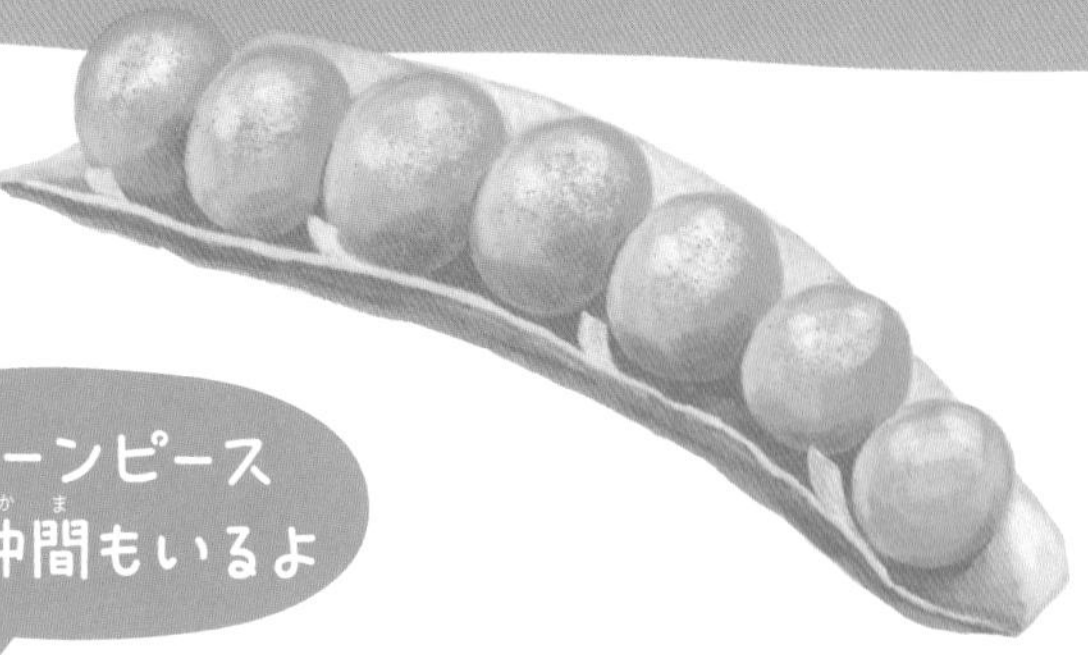

グリーンピースには仲間《なかま》もいるよ

さやえんどう

さやが若《わか》くやわらかいのでさやごと食《た》べる。中《なか》の豆《まめ》はまだ育《そだ》っていない

スナップえんどう

さやと豆《まめ》の両方《りょうほう》を食《た》べられるアメリカからの輸入《ゆにゅう》品種《ひんしゅ》

比《くら》べてみよう！

グリーンピースはさやからはずすとすぐに乾燥《かんそう》し風味《ふうみ》が落《お》ちてしまいます。さやつきのほうが鮮度《せんど》を保《たも》てるので、さやつきを選《えら》びましょう。

　さやを食《た》べるわけではないのですが、味《あじ》の良《よ》いグリーンピースはさやがふっくらしていて全体的《ぜんたいてき》にハリがあり変色《へんしょく》していません。さやが変色《へんしょく》しているものやハリがないものはいたんでいるので避《さ》けましょう。

「さやえんどう」と「グリーンピース」は収穫《しゅうかく》の時期《じき》が違《ちが》うだけで同《おな》じものです。豆《まめ》が小《ちい》さいうちにさやごと食《た》べるのが「さやえんどう」で、さやの中《なか》の少《すこ》し大《おお》きくなった完熟前《かんじゅくまえ》のやわらかい豆《まめ》が「グリーンピース（実《み》えんどう）」です。

店員《てんいん》のヒトコト

豆《まめ》ごはんを作《つく》るときは炊飯器《すいはんき》にさやも入れると風味《ふうみ》が増《ま》しておいしいよ！（さやは後《あと》で捨《す》てる）

旬《しゅん》の目安《めやす》 1月 2月 3月 4月 5月 6月 7月 8月 9月 10月 11月 12月

おいしい!

06

オクラはうぶ毛《げ》がびっしり生《は》えていて、小《ちい》さいものがおいしい

うぶ毛《げ》がびっしり生《は》えている!

ガクの角《かど》がしっかりしていて、黒《くろ》ずんでいない!

毛《け》をさわってみて

野菜《やさい》博士《はかせ》への道《みち》

約《やく》2000年前《ねんまえ》からエジプトで食《た》べられていたともいわれる歴史《れきし》ある野菜《やさい》です。日本伝来《にっぽんでんらい》は江戸時代《えどじだい》の終《お》わり頃《ごろ》。ネバネバ成分《せいぶん》はペクチンとムチンという食物繊維《しょくもつせんい》の一種《いっしゅ》で整腸作用《せいちょうさよう》があります。β《ベータ》-カロテンやビタミンB1《ビー》も含《ふく》み、目《め》や肌《はだ》の健康維持《けんこういじ》や夏《なつ》バテ予防《よぼう》などが期待《きたい》できます。

生産地《せいさんち》TOP3

1位《い》 鹿児島《かごしま》 41.6%
2位《い》 高知《こうち》 16.1%
3位《い》 沖縄《おきなわ》 11.3%

レシートの大《おお》きさを目《め》安《やす》にしてね

お店《みせ》でよく見《み》かけるのは**五角《ごかく》オクラ**

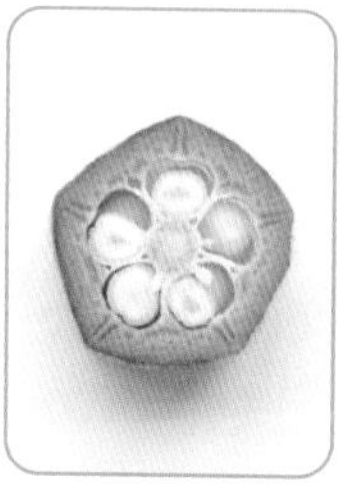

大《おお》きく育《そだ》ちすぎると**味《あじ》が落《お》ちる**

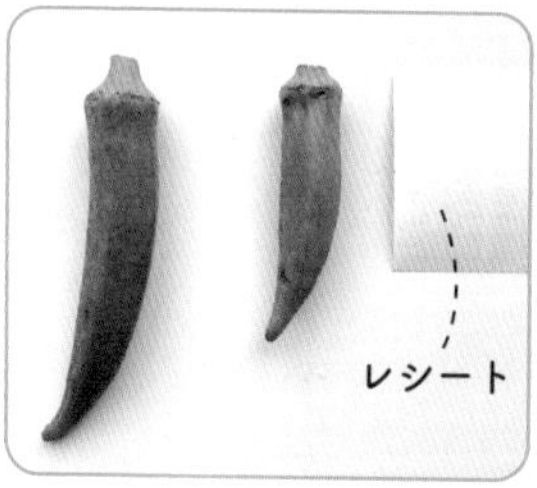

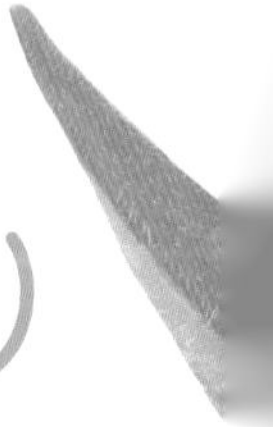

よく見《み》てみよう!

オクラは、長《なが》さが6㎝前後《ぜんご》のものが収穫《しゅうかく》のベストタイミングといわれています。大《おお》きすぎるものは育《そだ》ちすぎているので実《み》がかたくなり、えぐみや苦《にが》みが出《で》ておいしくなくなります。

うぶ毛《げ》がびっしり生《は》えていて、緑色《みどりいろ》で鮮《あざ》やかだけど濃《こ》すぎないものが新鮮《しんせん》です。ヘタが茶色《ちゃいろ》がかっていたり、黒《くろ》い筋《すじ》が出《で》ていたりするものはいたみ始《はじ》めている証拠《しょうこ》です。やわらかすぎるものは陳列《ちんれつ》してから時間《じかん》がたっています。ガクの角《かど》がしっかりしているものを選《えら》びましょう。

お店《みせ》でよく売《う》られている種類《しゅるい》は緑色《みどりいろ》の五角形《ごかくけい》のオクラですが、赤《あか》オクラ、白《しろ》オクラ、丸《まる》オクラなどの種類《しゅるい》もあります。

店員《てんいん》のヒトコト

ゆでるとペクチンやビタミンがお湯《ゆ》に溶《と》け出《だ》すので、レンチンがおすすめ!

旬《しゅん》の目安《めやす》

1月	2月	3月	4月	5月	6月	7月	8月	9月	10月	11月	12月
					おいしい!	おいしい!	おいしい!				

07

ゴーヤ*は イボが大《おお》きいほど苦《にが》みが弱《よわ》くて食《た》べやすい

*「にがうり」ともいう

重《おも》みがある!
イボイボ、イボイボ
おいしいメガネ
イボがしっかりしている!

野《や》菜《さい》博《はか》士《せ》への道《みち》

原産地《げんさんち》は熱帯《ねったい》アジアで、日本《にっぽん》では主《おも》に沖縄《おきなわ》で栽培《さいばい》されています。ゴーヤは「苦瓜《にがうり》」の意味《いみ》の沖縄《おきなわ》の方言《ほうげん》。苦《にが》みはモモルデシンという成分《せいぶん》によるもので、食欲増進《しょくよくぞうしん》と血糖値《けっとうち》を下《さ》げる効果《こうか》が期待《きたい》できます。ゴーヤに含《ふく》まれるビタミンC《シー》は熱《ねつ》に強《つよ》く、加熱調理《かねつちょうり》でもこわれないことが特徴《とくちょう》です。

生産地《せいさんち》TOP3

1位《い》	沖縄《おきなわ》	40.6%
2位《い》	宮崎《みやざき》	12.6%
3位《い》	鹿児島《かごしま》	12.5%

黄緑色《きみどりいろ》のゴーヤをさがそう 完熟《かんじゅく》している証拠《しょうこ》だよ

イボが小《ちい》さくて緑色《みどりいろ》だと**苦《にが》みが強《つよ》い**

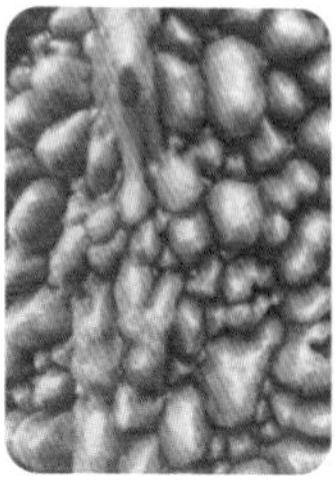

イボが大《おお》きくて色《いろ》が薄《うす》いと**苦《にが》みが弱《よわ》い**

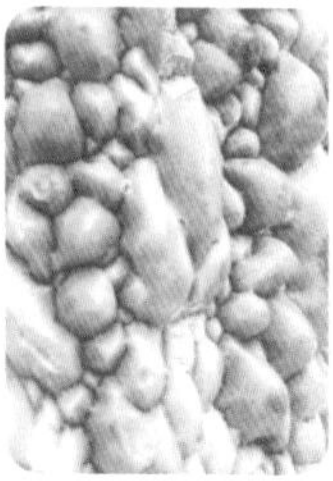

比《くら》べてみよう！

ゴーヤは苦《にが》みが特徴的《とくちょうてき》ですが、熟《じゅく》していく段階《だんかい》で苦《にが》みの強《つよ》さが異《こと》なるので、選《えら》ぶ基準《きじゅん》にしてください。熟《じゅく》していくにつれて緑《みどり》→黄緑《きみどり》→黄色《きいろ》→オレンジのように色《いろ》が変化《へんか》していき、苦《にが》みも弱《よわ》くなっていきます。苦《にが》すぎるゴーヤが苦手《にがて》な人《ひと》は色《いろ》が薄《うす》くてイボが大《おお》きいものを選《えら》びましょう。

逆《ぎゃく》にイボが小《ちい》さくて色《いろ》が濃《こ》い未熟《みじゅく》なものは種《たね》が育《そだ》っていないので、外敵《がいてき》から身《み》を守《まも》るために苦《にが》みを出《だ》して食《た》べられないようにしているのです。

なお、イボの色《いろ》や大《おお》きさに関係《かんけい》なく、びっしりついているものは新鮮《しんせん》です。ヘタの先端《せんたん》やヘタがしなびていたり、半透明《はんとうめい》になっていたりするものは、いたみかけているので避《さ》けましょう。

店員《てんいん》のヒトコト

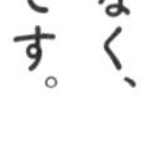

ゴーヤは夏《なつ》が旬《しゅん》でおいしく、8月《がつ》が流通《りゅうつう》のピークだよ！

旬《しゅん》の目安《めやす》 1月 2月 3月 4月 5月 6月 7月 8月 9月 10月 11月 12月

おいしい!

08

赤《あか》いピーマンは完熟《かんじゅく》しているから甘《あま》くておいしい

ヘタの周《まわ》りがへこんでいて、切《き》り口《くち》が白《しろ》い!

おいしいメガネ
苦手《にがて》な人《ひと》はわたしを食《た》べて〜

軸《じく》が太《ふと》くて、ずっしり重《おも》い! ハリとツヤがある!

野菜《やさい》博士《はかせ》への道《みち》

中南米《ちゅうなんべい》の熱帯《ねったい》地方《ちほう》が原産地《げんさんち》で、トウガラシを品種改良《ひんしゅかいりょう》してできた野菜《やさい》です。大型《おおがた》で肉《にく》厚《あつ》の品種《ひんしゅ》はパプリカとよばれます。緑色《みどりいろ》のピーマンも栄養価《えいようか》は高《たか》いのですが、完熟《かんじゅく》した赤《あか》ピーマンはさらに栄養価《えいようか》が高《たか》く、ビタミンC《シー》は緑色《みどりいろ》のピーマンの2倍《ばい》、β《ベータ》-カロテンは3倍《ばい》、ビタミンE《イー》は5倍《ばい》です。

生産地《せいさんち》 TOP3

1位《い》	茨城《いばらき》	23.3%
2位《い》	宮崎《みやざき》	18.9%
3位《い》	高知《こうち》	9.5%

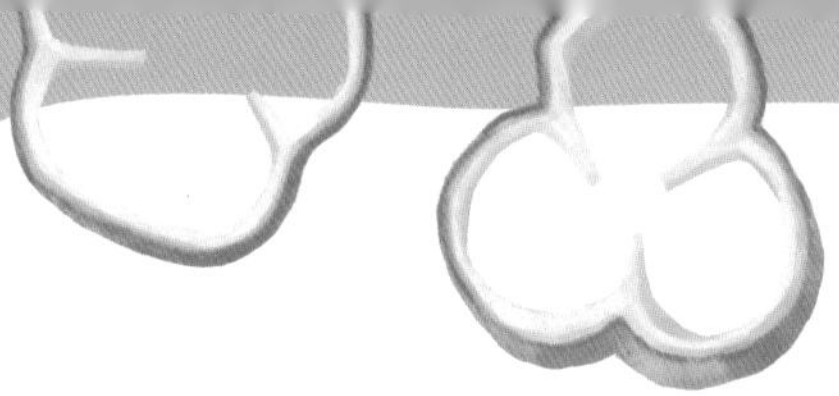

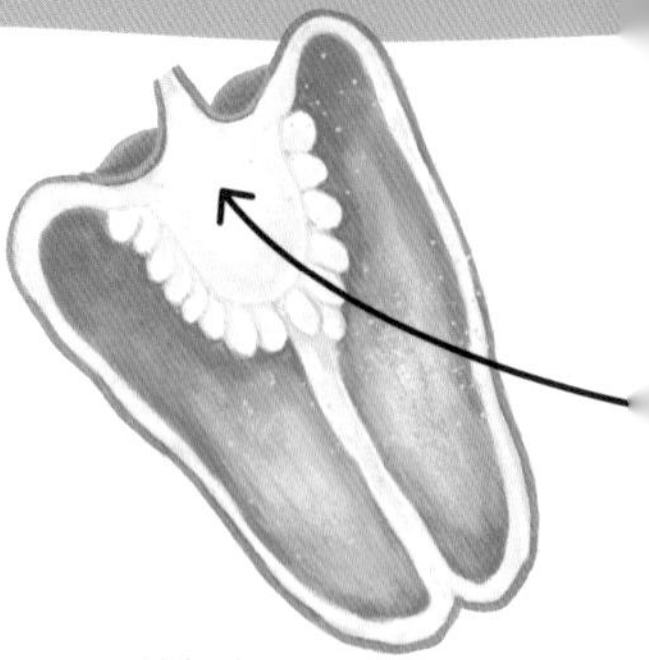

ピーマンの種類《しゅるい》はいろいろあるよ

色鮮《いろあざ》やかで
大《おお》きくて肉厚《にくあつ》な
パプリカ

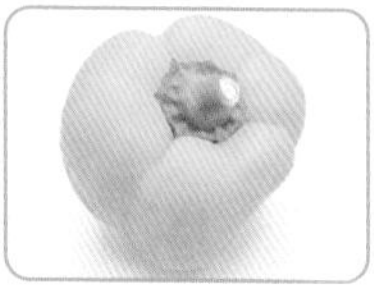

完熟《かんじゅく》した**赤《あか》い**
ピーマンは
甘《あま》くてやわらかめ

未熟《みじゅく》な**緑色《みどりいろ》の**
ピーマンは苦《にが》い
けれどシャキシャキ

比《くら》べてみよう！

緑《みどり》色《いろ》のピーマンが完熟《かんじゅく》すると、品《ひん》種《しゅ》によっては赤《あか》色《いろ》や黄《き》色《いろ》やオレンジ色《いろ》になります。完熟《かんじゅく》すると苦《にが》みが弱《よわ》くなり甘《あま》くなりますが、シャキシャキ感《かん》は弱《よわ》くなります。苦《にが》いのが苦《にが》手《て》な人《ひと》におすすめです。

皮《かわ》にハリやツヤがあり、重《おも》いピーマンは鮮《せん》度《ど》がよく肉厚《にくあつ》です。新鮮《しんせん》なピーマンはヘタの切《き》り口《くち》が白《しろ》くみずみずしいのですが、収穫《しゅうかく》してから時《じ》間《かん》がたってくると変色《へんしょく》してしおれます。

ピーマンのヘタが水《みず》っぽくなっているものは腐《くさ》っている可《か》能《のう》性《せい》が高《たか》いので避《さ》けましょう。特《とく》にパプリカは、輸入《ゆにゅう》されて時《じ》間《かん》がたっているものが多《おお》いので、ヘタの切《き》り口《くち》が黒《くろ》くなっていないか、よくチェックしましょう。

店員《てんいん》のヒトコト

種《たね》やワタには血液《けつえき》サラサラ効果《こうか》のあるピラジンが多量《たりょう》に含《ふく》まれるよ！

旬《しゅん》の目安《めやす》 1月 2月 3月 4月 5月 6月 7月 8月 9月 10月 11月 12月

09

ズッキーニは小《ちい》さいほうがおいしい

野菜博士《やさいはかせ》への道《みち》

アメリカ南部《なんぶ》やメキシコが原産地《げんさんち》で、日本《にっぽん》では1980年代頃《ねんだいごろ》から食《た》べられるようになった新《あたら》しい野菜《やさい》です。ズッキーニは、色《いろ》や形《かたち》がキュウリに似《に》ていますが、じつはカボチャの仲間《なかま》です。ズッキーニはイタリア語《ご》で「小《ちい》さなカボチャ」という意味《いみ》なのです。

カリウムやβ《ベータ》-カロテン、ビタミンC《シー》などを多《おお》く含《ふく》み、低《てい》カロリーです。カリウムは高血圧《こうけつあつ》やむくみ対策《たいさく》になり体内《たいない》の塩分《えんぶん》を排出《はいしゅつ》するなどミネラルバランスを整《ととの》える効果《こうか》もあります。

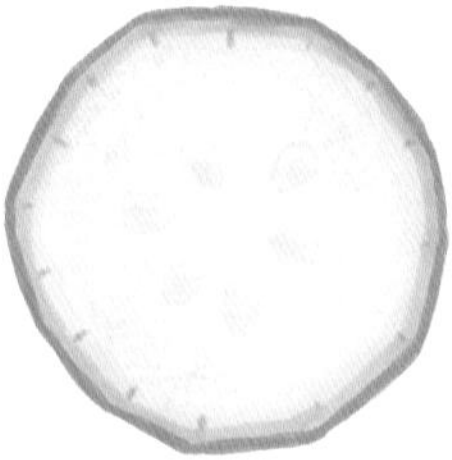

緑色以外《みどりいろいがい》に、黄色《きいろ》いものもあるよ

イエローズッキーニ
は皮《かわ》が薄《うす》くやわらかめ

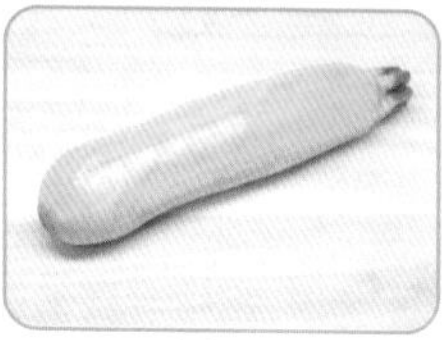

黄色《きいろ》もおいしいんだよ

よく出回《でまわ》っている品種《ひんしゅ》は
グリーンズッキーニ

比《くら》べてみよう！

皮《かわ》にキズなどがなくツヤがあり、太《ふと》さが均一《きんいつ》で、ヘタの切《き》り口《くち》がきれいなものほど新鮮《しんせん》です。形《かたち》がいびつなものやヘタの切《き》り口《くち》が黒《くろ》ずんでいるものは選《えら》ばないようにしましょう。また、おしりの筋目《すじめ》が多《おお》いものほど実《み》がしっかりしています。

大《おお》きく育《そだ》ちすぎたズッキーニは味《あじ》が落《お》ちるので、200g程度《ていど》を目安《めやす》に買《か》いましょう。長《なが》さの目安《めやす》は20㎝で、500㎖のペットボトルよりも少《すこ》し短《みじか》いくらいのものまではおいしく食《た》べられるでしょう。

ズッキーニには緑色《みどりいろ》のものと黄色《きいろ》いものがありますが、黄色《きいろ》いもののほうが皮《かわ》が薄《うす》く味《あじ》も淡白《たんぱく》なので、食《た》べやすくなります。

店員《てんいん》のヒトコト

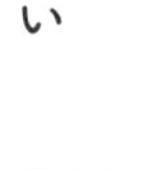

薄《うす》切《ぎ》りにすれば生《なま》でも食《た》べられるよ！

旬《しゅん》の目安《めやす》 1月 2月 3月 4月 5月 6月 7月 8月 9月 10月 11月 12月

おいしい!

10 トウモロコシはヒゲが褐《かっ》色《しょく》のものがおいしい

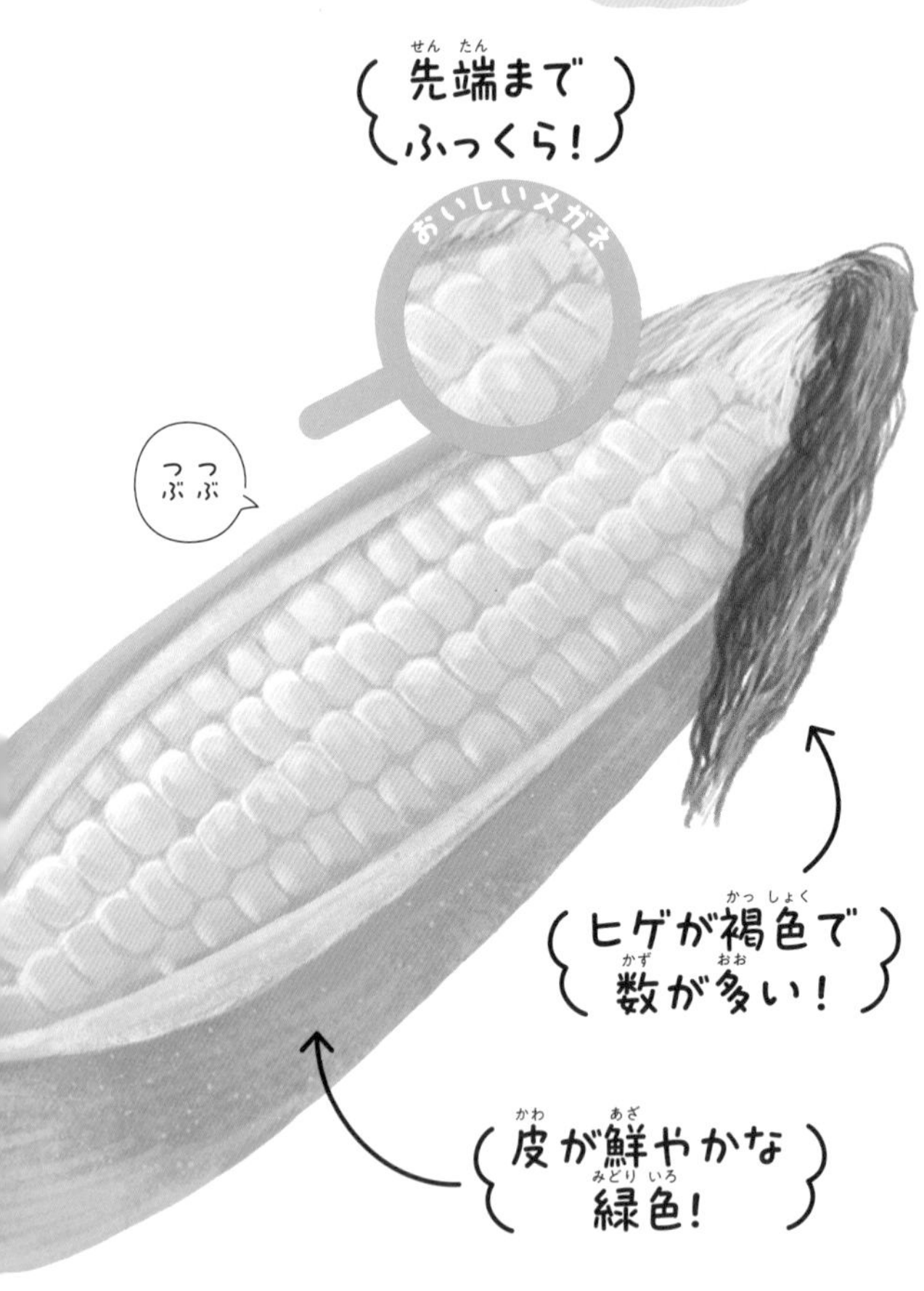

先端《せんたん》までふっくら!
おいしいメガネ
つぶつぶ
ヒゲが褐色《かっしょく》で数《かず》が多《おお》い!
皮《かわ》が鮮《あざ》やかな緑色《みどりいろ》!

野菜博士《やさいはかせ》への道《みち》

トウモロコシは小麦《こむぎ》・米《こめ》とともに世界三大《せかいさんだい》穀物《こくもつ》の一《ひと》つとされます。明治時代《めいじじだい》にアメリカから伝《つた》わった品種《ひんしゅ》が日本《にっぽん》での栽培《さいばい》の始《はじ》まりです。炭水化物《たんすいかぶつ》とタンパク質《しつ》が主《おも》な成分《せいぶん》で、ビタミンB《ビー》1、B《ビー》2、カリウムや食物繊維《しょくもつせんい》が豊富《ほうふ》です。動脈硬化《どうみゃくこうか》の予防《よぼう》に役立《やくだ》つとされるリノール酸《さん》も含《ふく》みます。

生産地《せいさんち》TOP3

1位《い》 北海道《ほっかいどう》 41.4%
2位《い》 茨城《いばらき》 6.7%
3位《い》 千葉《ちば》 6.7%

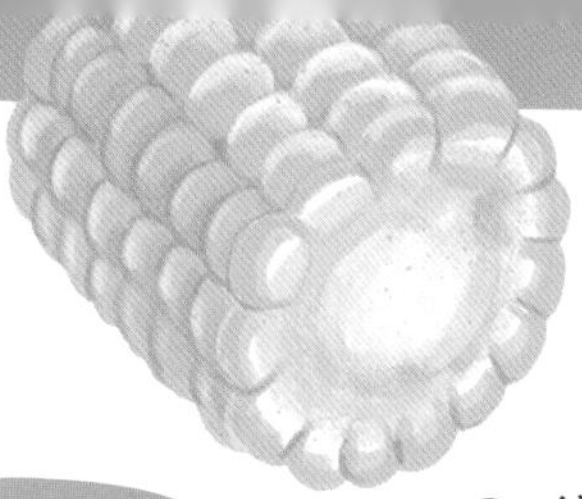

実《み》の野《や》菜《さい》

実《み》が詰《つ》まっているかな?

1粒《つぶ》1粒《つぶ》がしっかりしているものがおいしいよ!

よく見《み》てみよう!

売《う》り場《ば》のトウモロコシは個体差《こたいさ》があり、甘《あま》くておいしいものもあれば、実《み》の数《かず》が少《すく》なかったり水分《すいぶん》が抜《ぬ》けてスカスカしていたりするものもあるので注意《ちゅうい》が必要《ひつよう》です。

最初《さいしょ》にヒゲの状態《じょうたい》を見《み》ましょう。ヒゲの数《かず》と実《み》の数《かず》は同《おな》じ数《かず》なので、ヒゲの数《かず》が多《おお》くふさふさしているものは実《み》が詰《つ》まっています。また、ヒゲが褐色《かっしょく》になっているものは実《み》が完熟《かんじゅく》している証拠《しょうこ》です。

次《つぎ》に皮《かわ》の色《いろ》をチェックしましょう。皮《かわ》の色《いろ》が茶色《ちゃいろ》に変《か》わっているものは鮮《せん》度《ど》が落《お》ちてきているので避《さ》けましょう。淡《あわ》い緑《みどり》か鮮《あざ》やかな緑色《みどりいろ》のものが新《しん》鮮《せん》です。

さらに、先端《せんたん》の太《ふと》さをチェックしましょう。トウモロコシは鮮度《せんど》が落《お》ちてくると先端《せんたん》の実《み》がしぼんでくるので先《せん》端《たん》までふっくらしているものを選《えら》びましょう。もし皮《かわ》の中《なか》をチェックすることができそうなら、皮《かわ》を少《すこ》しむいてもOKです。少《すこ》しめくってみて、先端《せんたん》までしっかり実《み》が詰《つ》まっているか確認《かくにん》してください。

店員《てんいん》のヒトコト

買《か》ってきたトウモロコシはすぐ冷《ひ》やそう! 常温《じょうおん》だと糖分《とうぶん》がデンプンに変《か》わって甘《あま》みが減《へ》るよ!

青《せい》果《か》売《う》り場《ば》のくふう

①おいしそうに見《み》える色合《いろあ》いにする

お客《きゃく》さんの印象《いんしょう》は、お店《みせ》に入《はい》って最初《さいしょ》に目《め》にする色《いろ》で大《おお》きく変《か》わります。ですから、売《う》り場《ば》の配色《はいしょく》には気《き》をつかっています。目《め》立《だ》つところに置《お》いてある特売品《とくばいひん》がジャガイモやタマネギなどの茶《ちゃ》色系《いろけい》のものだとしたら、黄色《きいろ》や赤色《あかいろ》の野菜《やさい》を間《あいだ》に置《お》いておいしそうに見《み》える色合《いろあ》いにしています。

②目的別《もくてきべつ》にまとめて置《お》く

適当《てきとう》に配置《はいち》するのではなく、たとえば「サラダ」や「なべ料《りょう》理《り》」のように、その日《ひ》の献立《こんだて》に合《あ》わせて買《か》いそろえられるように、関係《かんけい》する野菜《やさい》どうしを近《ちか》くに陳列《ちんれつ》します。また、サラダ材料《ざいりょう》のそばにはドレッシングを、なべ材料《ざいりょう》のそばにはなべつゆを置《お》くようにすることで、お客《きゃく》さんにとってはお買《か》い物《もの》が便利《べんり》になり、お店《みせ》にとっては売上《うりあげ》を増《ふ》やせるというメリットがあります。

秘技《ひぎ》！
カラーコントロール

③季節感《きせつかん》を出《だ》す

夏《なつ》ならスイカを目立《めだ》つところに、寒《さむ》い日《ひ》はなべ用野菜《ようやさい》を前《まえ》に出《だ》すなど、季節《きせつ》や気候《きこう》によって配置《はいち》を変《か》えています。また、年間行事《ねんかんぎょうじ》に応《おう》じて、そのときによく食《た》べる料理《りょうり》に必要《ひつよう》な商品《しょうひん》を入《い》り口付近《ぐちふきん》の目立《めだ》つ場所《ばしょ》に置《お》くことも多《おお》いです。

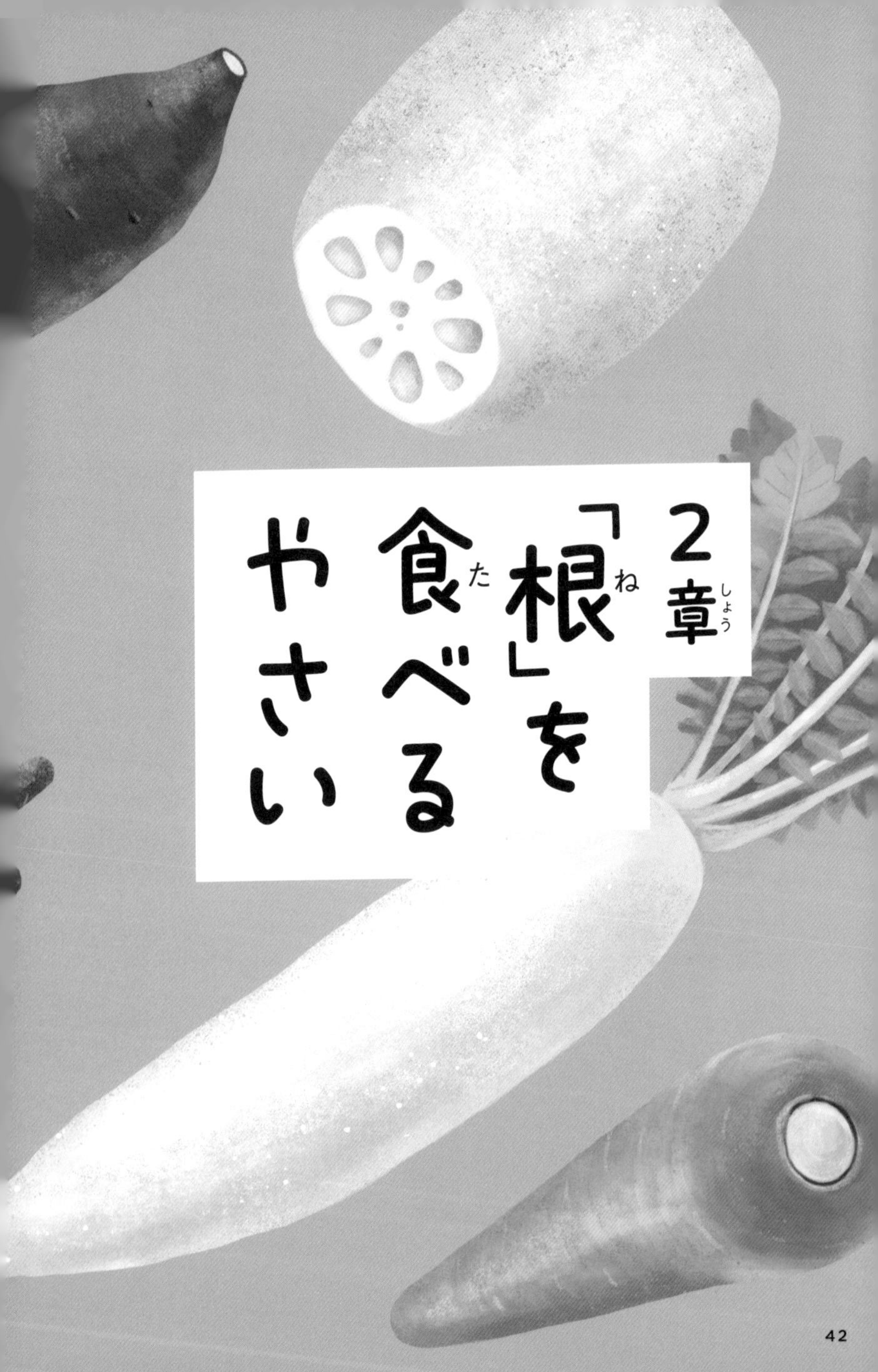

2章《しょう》「根《ね》」を食《た》べるやさい

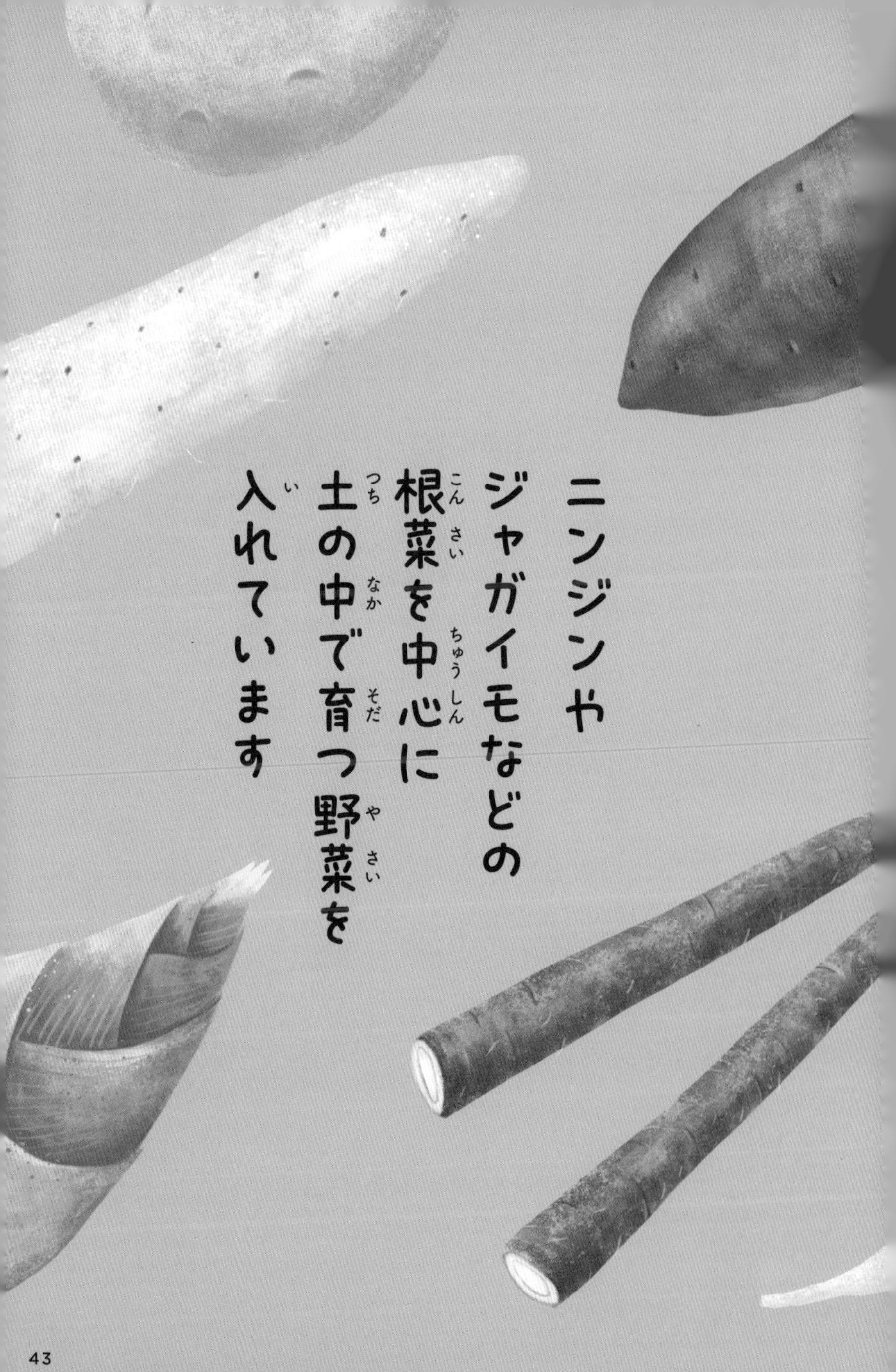

ニンジンや
ジャガイモなどの
根菜《こんさい》を中心《ちゅうしん》に
土《つち》の中《なか》で育《そだ》つ野菜《やさい》を
入《い》れています

旬《しゅん》の目安《めやす》 1月 2月 3月 4月 5月 6月 7月 8月 9月 10月 11月 12月

おいしい! おいしい!

11

ニンジンは軸《じく》が小《ちい》さいほうがおいしい

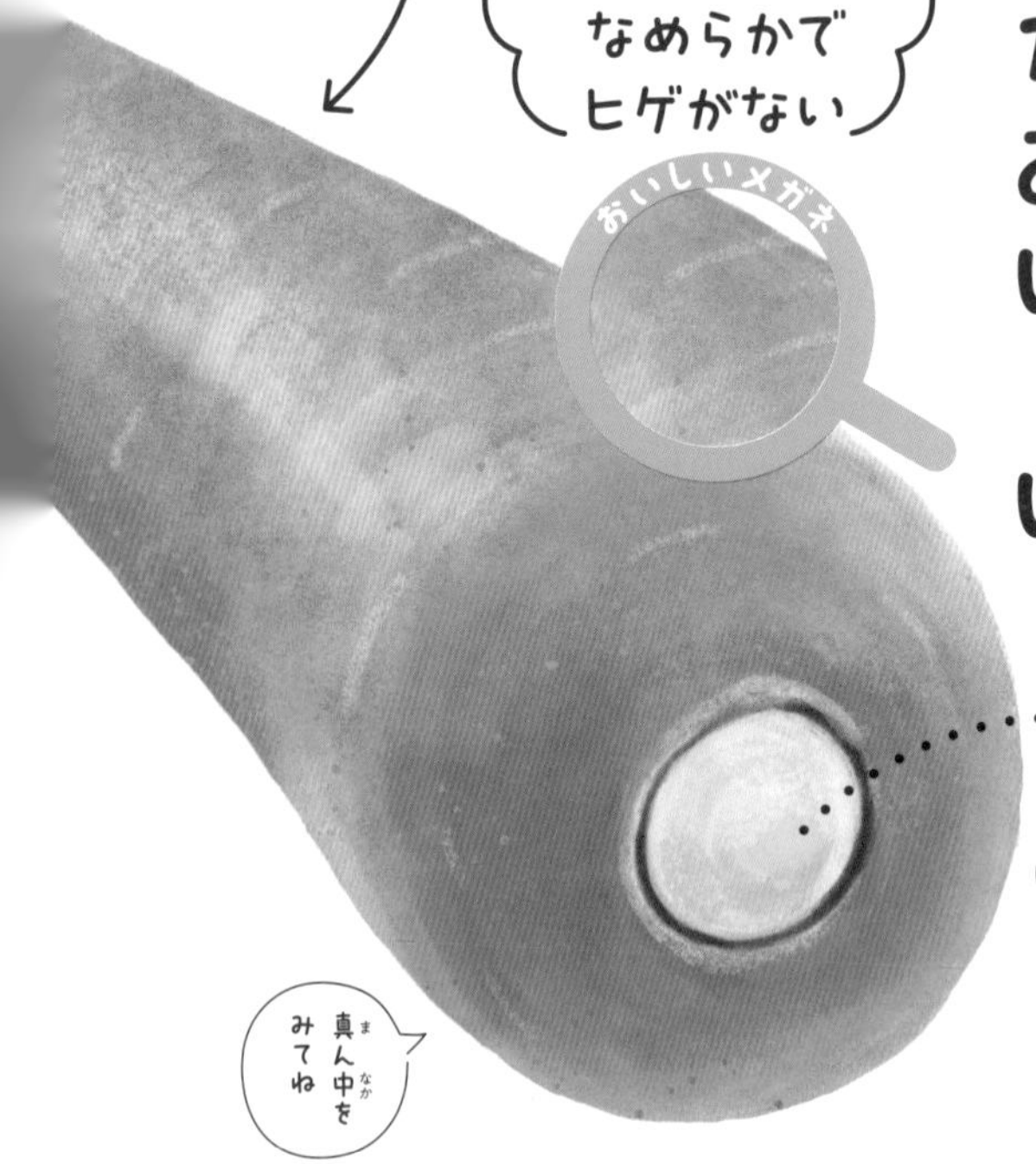
オレンジ色《いろ》が濃《こ》い!
表面《ひょうめん》がなめらかでヒゲがない
おいしいメガネ
軸《じく》
真《ま》ん中《なか》の軸《じく》が小《ちい》さい!
真《ま》ん中《なか》をみてね

野菜《やさい》博士《はかせ》への道《みち》

原産地《げんさんち》は西《にし》アジアといわれています。江戸《えど》時代初期《じだいしょき》に東洋種《とうようしゅ》が栽培《さいばい》され始《はじ》め、その後《ご》ヨーロッパから西洋種《せいようしゅ》が伝《つた》わりました。お店《みせ》でよく見《み》るニンジンは西洋種《せいようしゅ》です。ニンジンのオレンジ色《いろ》はβ《ベータ》-カロテンの色《いろ》で、色《いろ》が濃《こ》いほど豊富《ほうふ》です。英語名《えいごめい》の「キャロット」は、カロテンの語源《ごげん》になっています。

生産地《せいさんち》 TOP3

1位《い》	北海道《ほっかいどう》	32.7%
2位《い》	千葉《ちば》	15.7%
3位《い》	徳島《とくしま》	8.6%

軸《じく》の大《おお》きさを見《み》てみよう

比《くら》べてみよう！

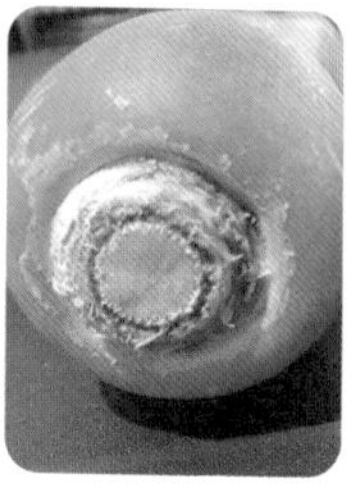

軸《じく》が大《おお》きいものは、栄養《えいよう》を葉《は》にとられて**かたくなる**

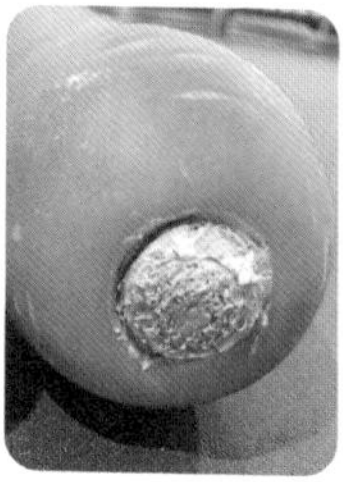

軸《じく》が小《ちい》さいものほど、やわらかくて**おいしい**

ニンジンは軸《じく》が小《ちい》さいものほど、やわらかくておいしいです。重《おも》みのあるものは水分量《すいぶんりょう》が多《おお》く、実《み》のきめが細《こま》かくておいしいですよ。

農家《のうか》さんから、「ニンジンも逆三角《ぎゃくさんかく》形《けい》が男前《おとこまえ》」と聞《き》いたことがあります。きれいな三角形《さんかくけい》で細《ほそ》く長《なが》いニンジンほどおいしいとのこと。逆《ぎゃく》にふっくらとしているものはきめが粗《あら》く、舌《した》ざわりが悪《わる》いこともあります。

また、表面《ひょうめん》がなめらかでヒゲがないものは順調《じゅんちょう》に成長《せいちょう》した証拠《しょうこ》です。

ヘタの切《き》り口《くち》がみずみずしく黒《くろ》ずんでいないものは新鮮《しんせん》です。ヒゲが出《で》ているものは食《た》べごろがすぎて熟《じゅく》しすぎているので避《さ》けましょう。もちろんキズやヒビ割《わ》れがあるものは論外《ろんがい》です。

店員《てんいん》のヒトコト

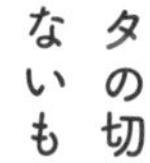

ニンジンのβ《ベータ》-カロテン吸収率《きゅうしゅうりつ》は、生《なま》だと8%、煮《に》ると30%、油《あぶら》で炒《いた》めると70%！

旬《しゅん》の目安《めやす》 1月 2月 3月 4月 5月 6月 7月 8月 9月 10月 11月 12月

12

ダイコンは重《おも》く太《ふと》く、まっすぐ伸《の》びているものがおいしい

おいしい!
おいしい!
まっすぐに伸《の》びている!
太《ふと》くて重《おも》みがある!
おいしいメガネ
皮《かわ》にハリがあり、ヒゲ根《ね》が少《すく》ない!
どしーん

マメ知識《ちしき》

葉《は》っぱがついている側《がわ》は甘《あま》みが強《つよ》く、逆《ぎゃく》に先端《せんたん》はからみが強《つよ》くなっているよ。これは土《つち》に伸《の》びていく根《ね》の先《さき》を辛《から》くして虫《むし》に食《た》べられないようにしているのが理由《りゆう》だといわれているよ。

野菜博士《やさいはかせ》への道《みち》

古代《こだい》エジプトから食《た》べられていた記録《きろく》があり、日本《にっぽん》には中国《ちゅうごく》から伝《つた》わり、現存《げんそん》する日《に》本《ほん》最古《さいこ》の書物《しょもつ》『古事記《こじき》』に記録《きろく》がある古《ふる》い野菜《やさい》です。「天然《てんねん》の消化剤《しょうかざい》」とよばれるほど、アミラーゼという消化酵素《しょうかこうそ》を多《おお》く含《ふく》み、胃《い》腸《ちょう》の働《はたら》きを促《うなが》す効果《こうか》があります。食物繊維《しょくもつせんい》やビタミンC《シー》なども豊富《ほうふ》です。

生産地《せいさんち》TOP3

1位《い》 北海道《ほっかいどう》 12.5%
2位《い》 千葉《ちば》 10.9%
3位《い》 青森《あおもり》 9.4%

カットされたものは切《き》り口《くち》をよく見《み》てみよう

モヤモヤがあるものは避《さ》けて!

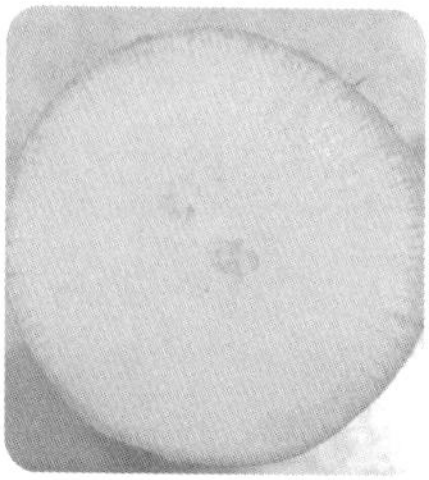

均等《きんとう》に白《しろ》いものがおいしい!

比《くら》べてみよう!

ダイコン(大根《だいこん》)は「大《おお》きい根《ね》」という名前《なまえ》だけあって、太《ふと》くてずっしりと重《おも》みがあるものが良品《りょうひん》です。ずっしりと重《おも》いダイコンは水分《すいぶん》をたっぷり含《ふく》んでみずみずしく、均等《きんとう》に栄養分《えいようぶん》がいきわたっています。ヒゲ根《ね》は土《つち》の養分《ようぶん》を取《と》り入《い》れるためのものです。均一《きんいつ》な間隔《かんかく》で生《は》えているものがおいしいです。

葉《は》の部分《ぶぶん》がしおれたり黄色《きいろ》く変色《へんしょく》したりしているもの、皮《かわ》にしわが寄《よ》っているものは、鮮度《せんど》が落《お》ちています。

カットされたものの場合《ばあい》は、切《き》り口《くち》が茶色《ちゃいろ》っぽく変色《へんしょく》しているものは鮮度《せんど》が落《お》ちています。切《き》り口《くち》が白《しろ》くモヤモヤしているものはス*が入《はい》っていておいしくありません。

*スは、中身《なかみ》に穴《あな》やすき間《ま》ができた、スカスカになっている状態《じょうたい》のこと。

店員《てんいん》のヒトコト

切干大根《きりぼしだいこん》は栄養《えいよう》が凝縮《ぎょうしゅく》され、食物繊維《しょくもつせんい》は生《なま》ダイコンの15倍《ばい》!

13 ジャガイモは男爵《だんしゃく》がやわらかく、メークインがかたいと覚《おぼ》えよう

芽《め》が出《で》ていない!
おいしいメガネ
しっかりかたい!
ふっくら丸《まる》く、
大《おお》きすぎない!
ホクホク

野菜博士《やさいはかせ》への道《みち》

アンデス地方《ちほう》が原産地《げんさんち》で、日本《にっぽん》には17世《せい》紀《き》の初《はじ》めにインドネシアのジャカルタから入《はい》ってきました。「ジャガタラ(現在《げんざい》のジャカルタ)からやってきたイモ(ジャガタライモ)」が「ジャガイモ」の名前《なまえ》の由来《ゆらい》です。加熱調理《かねつちょうり》しても減少《げんしょう》しにくいビタミンC《シー》はイモ類《るい》の中《なか》で最《もっと》も多《おお》く含《ふく》まれます。

生産地《せいさんち》TOP3

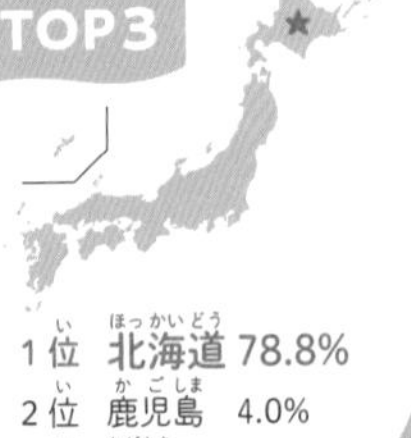

1位《い》	北海道《ほっかいどう》	78.8%
2位《い》	鹿児島《かごしま》	4.0%
3位《い》	長崎《ながさき》	3.8%

品種《ひんしゅ》によって、形《かたち》が違《ちが》うよ

男爵《だんしゃく》
ホクホク系《けい》の代表的《だいひょうてき》な品種《ひんしゅ》で粉吹《こふ》きいもなどに向《む》く

メークイン
ねっとり系《けい》の代表的《だいひょうてき》な品種《ひんしゅ》で煮物《にもの》などに向《む》く

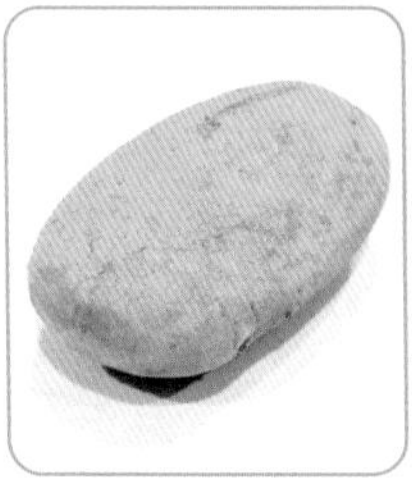

比《くら》べてみよう!

皮《かわ》がなめらかでふっくらとして重《じゅう》量感《りょうかん》があるものがおいしいです。緑色《みどりいろ》のものは避《さ》けましょう。緑色《みどりいろ》の部《ぶ》分《ぶん》はソラニンという有毒《ゆうどく》な物質《ぶっしつ》を含《ふく》むので食《た》べてはいけません。

芽《め》が出《で》る直前《ちょくぜん》はデンプンが糖《とう》に変《か》わり始《はじ》めていて、甘《あま》くておいしい時期《じき》なのです。ただし、すでに芽《め》が出《で》ているものは栄養《えいよう》が芽《め》にとられているので、味《あじ》が落《お》ちます。また、芽《め》の部分《ぶぶん》にもソラニンが含《ふく》まれるので食《た》べてはいけません。

「メークイン」は多少大《たしょうおお》きくても問題《もんだい》はありませんが、「男爵《だんしゃく》」は大《おお》きすぎるものは中《なか》が空洞化《くうどうか》し水《みず》っぽくなっている可能性《かのうせい》が高《たか》いので避《さ》けましょう。

店員《てんいん》のヒトコト

皮《かわ》も食《た》べて! 皮《かわ》には実《み》より多《おお》くのカルシウムや鉄分《てつぶん》が含《ふく》まれているよ!

旬《しゅん》の目安《めやす》 1月 2月 3月 4月 5月 6月 7月 8月 9月 10月 11月 12月

おいしい! おいしい!

14 ナガイモはヒゲ根《ね》が少《すく》ないものがアク*が少《すく》ない

*苦味《にがみ》やエグみのこと

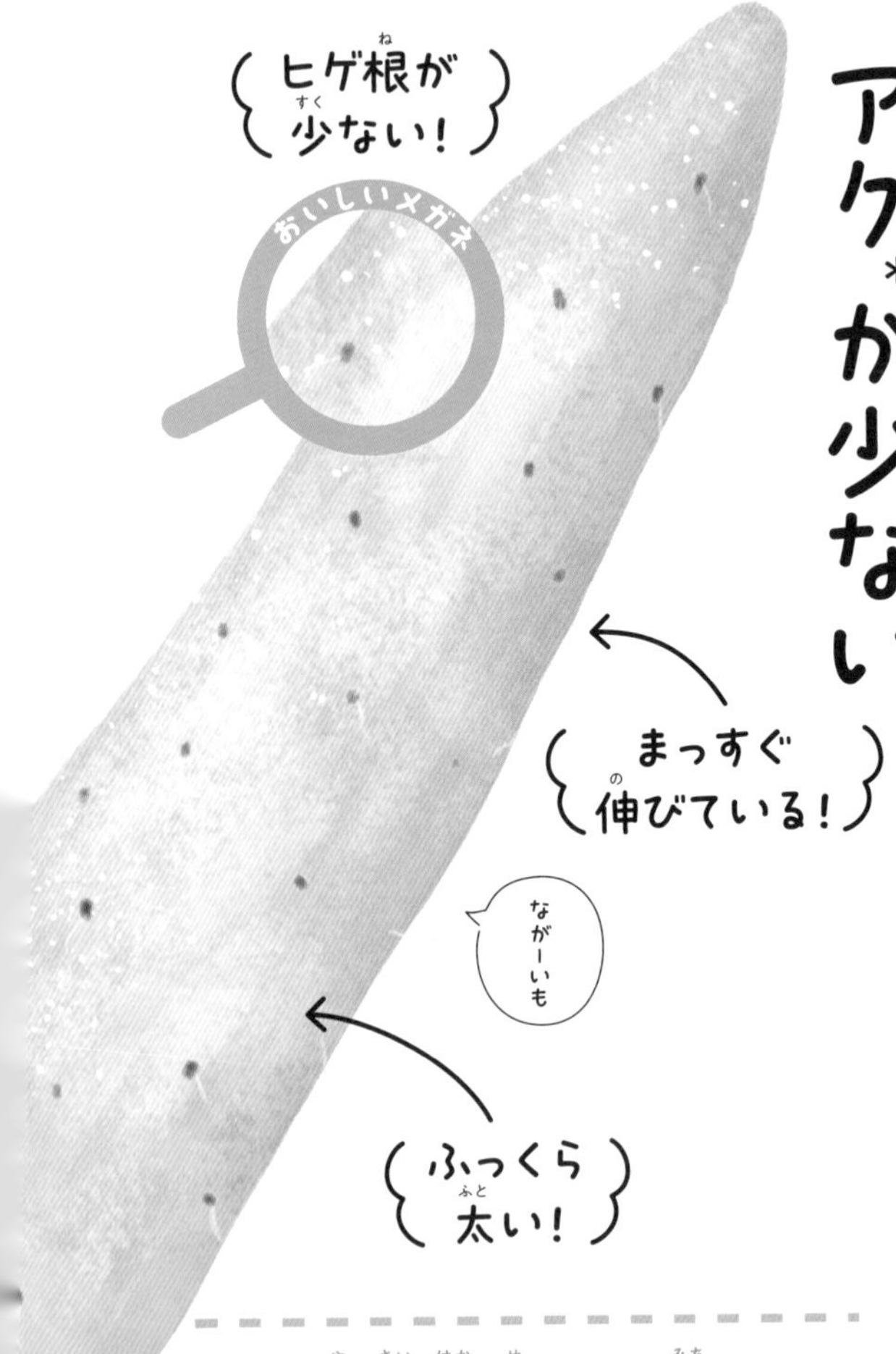

野菜博士《やさいはかせ》への道《みち》

ヤマノイモの一種《いっしゅ》。中国原産《ちゅうごくげんさん》。ヤマノイモ仲間《なかま》のジネンジョは日本原産《にっぽんげんさん》で山野《さんや》に自生《じせい》しています。デンプンを分解《ぶんかい》するアミラーゼという消化酵素《しょうかこうそ》を豊富《ほうふ》に含《ふく》むので生《なま》で食《た》べられます。ヌルヌルの成分《せいぶん》はムチンという食物繊維《しょくもつせんい》で、タンパク質《しつ》の消化《しょうか》・吸収《きゅうしゅう》を助《たす》ける効果《こうか》が期待《きたい》できます。

生産地《せいさんち》TOP3

1位《い》	北海道《ほっかいどう》	43.1%
2位《い》	青森《あおもり》	32.6%
3位《い》	長野《ながの》	3.9%

赤《あか》みがかっていないものをさがそう

赤《あか》みがかっているものは鮮《せん》度《ど》が落《お》ちている

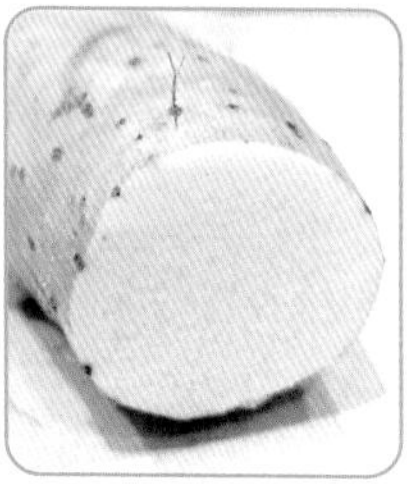

白《しろ》くてきれいなものは新《しん》鮮《せん》

比《くら》べてみよう!

ずっしりと重《おも》みを感《かん》じ、太《ふと》さが均《きん》一《いつ》でまっすぐ伸《の》びているものを選《えら》びましょう。ナガイモは水分量《すいぶんりょう》の多《おお》い野菜《やさい》ですが、重《おも》いものほど水分《すいぶん》を含《ふく》み、みずみずしくておいしいのです。

表面《ひょうめん》のデコボコが少《すく》なくてなめらかなものが良品《りょうひん》です。また、ヒゲ根《ね》が多《おお》いナガイモはアクが出《で》やすいので、ヒゲ根《ね》やヒゲ根《ね》のあとが少《すく》ないもののほうがいいでしょう。表面《ひょうめん》も切《き》り口《くち》も時《じ》間《かん》がたつと赤《あか》みがかってくるので、全《ぜん》体的《たいてき》に白《しろ》っぽいナガイモを選《えら》べば新鮮《しんせん》です。

ナガイモをはじめヤマノイモ類《るい》は、イモの中《なか》では珍《めずら》しく生《なま》でも食《た》べることができ、すりおろしたものは「とろろ」とよばれます。

店員《てんいん》のヒトコト

寒《さむ》い冬《ふゆ》を越《こ》えて熟成《じゅくせい》された春掘《はるほ》りナガイモは甘《あま》くておいしい!

旬《しゅん》の目安《めやす》 1月 2月 3月 4月 5月 6月 7月 8月 9月 10月 11月 12月

おいしい!　　おいしい!

15

収《しゅう》穫《かく》直《ちょく》後《ご》の新《しん》鮮《せん》なサツマイモは甘《あま》さはイマイチ

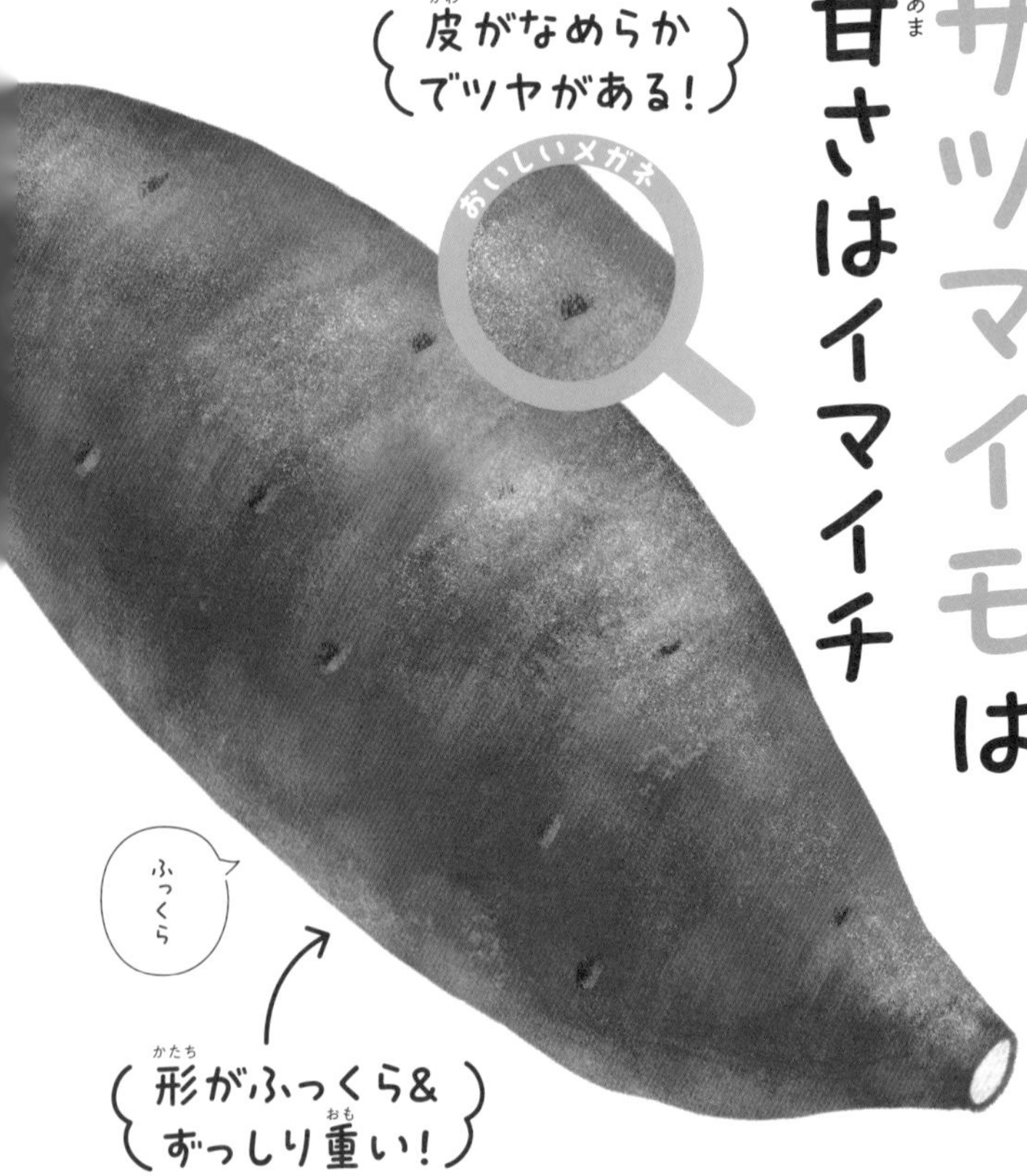

皮《かわ》がなめらかでツヤがある!
おいしいメガネ
ふっくら
形《かたち》がふっくら&ずっしり重《おも》い!

野《や》菜《さい》博《はか》士《せ》への道《みち》

日本《にっぽん》には中国《ちゅうごく》から伝《つた》わり江《え》戸《ど》時《じ》代《だい》から栽《さい》培《ばい》されています。九州《きゅうしゅう》の薩《さつ》摩《ま》（現《げん》在《ざい》の鹿《か》児《ご》島《しま》県《けん》）から広《ひろ》まったので「サツマイモ」とよばれるようになりました。主成分《しゅせいぶん》は糖質《とうしつ》に変《か》わるデンプンで、食物繊維《しょくもつせんい》やビタミンC《シー》が豊《ほう》富《ふ》です。やせた土《と》地《ち》でも育《そだ》つので飢《き》饉《きん》の際《さい》、多《おお》くの人々《ひとびと》を救《すく》いました。

生《せい》産《さん》地《ち》TOP3

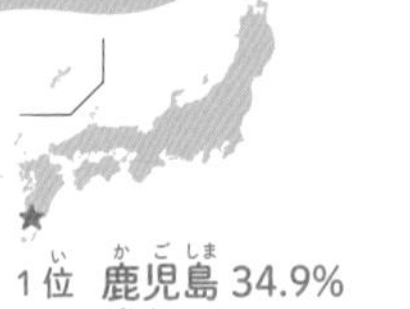

1位《い》	鹿《か》児《ご》島《しま》	34.9%
2位《い》	茨城《いばらき》	22.5%
3位《い》	千《ち》葉《ば》	12.5%

どの品種《ひんしゅ》が甘《あま》いのかな?

サツマイモの糖度《とうど》ランキング（加熱後《かねつご》）

1 紅《べに》はるか 50〜60度《ど》

2 安納芋《あんのういも》 40〜50度《ど》

2 シルクスイート 40〜50度《ど》

4 鳴門金時《なるときんとき》 13度《ど》〜

※スーパーでよく見《み》る品種《ひんしゅ》に絞《しぼ》っています

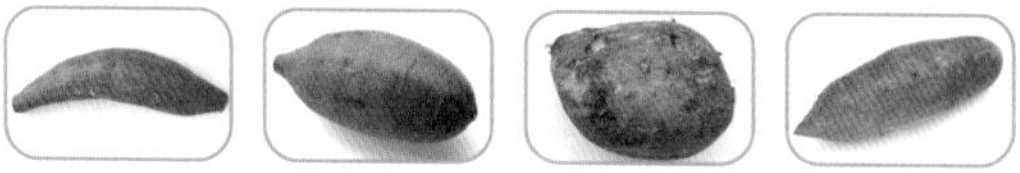

比《くら》べてみよう！

真《ま》ん中《なか》がふっくらと太《ふと》っていて、大《おお》きさに比《くら》べてずっしりと重《おも》いサツマイモは、栄養分《えいようぶん》がしっかり蓄《たくわ》えられていておいしいです。皮《かわ》にハリがありデコボコが少《すく》ないものは、畑《はたけ》で健康《けんこう》に育《そだ》った証《しょう》拠《こ》。なるべく皮《かわ》がきめ細《こま》かくなめらかなものを選《えら》びましょう。

サツマイモは意外《いがい》に青《あお》カビがつきやすく、上下《じょうげ》の切《き》り口《くち》にカビが生《は》えているものは中《なか》までカビ臭《くさ》くなっているので避《さ》けてください。時間《じかん》がたって乾燥《かんそう》してくると皮《かわ》にシワが出《で》てくるのでしっかりチェックしましょう。

サツマイモの実《み》は収穫直後《しゅうかくちょくご》は甘《あま》さが少《すく》なく、2カ月《げつ》ほど温度管理《おんどかんり》して貯蔵《ちょぞう》することでデンプンが糖《とう》に変化《へんか》し、甘《あま》くおいしくなっていきます。

店員《てんいん》のヒトコト

「紅《べに》はるか」を焼《や》きイモで食《た》べると、ビックリするほど甘《あま》い！

16

ゴボウは泥《どろ》付《つ》きのほうが風味《ふうみ》が強《つよ》くおいしい

デコボコがない！
おいしいメガネ
洗《あら》って食《た》べてね
おいしいメガネ
ヒゲ根《ね》が少《すく》なく、間隔《かんかく》も均等《きんとう》！

野菜博士《やさいはかせ》への道《みち》

原産地《げんさんち》はユーラシア大陸北部《たいりくほくぶ》。日本《にっぽん》には、平安時代《へいあんじだい》に薬用《やくよう》として中国《ちゅうごく》から伝《つた》わりました。野菜《やさい》として栽培《さいばい》され始《はじ》めたのは江戸時代《えどじだい》で、ゴボウを食《た》べるのは、日本以外《にっぽんいがい》では少《すく》ないようです。腸《ちょう》の働《はたら》きを高《たか》める食物繊維《しょくもつせんい》が豊富《ほうふ》なほか、カリウムやマグネシウムなどミネラル成分《せいぶん》も多《おお》く含《ふく》みます。

生産地《せいさんち》TOP3

1位《い》	青森《あおもり》	37.6%
2位《い》	茨城《いばらき》	9.9%
3位《い》	北海道《ほっかいどう》	9.1%

泥《どろ》付《つ》きのものを選《えら》ぼう

洗《あら》ってあるものは、手間《てま》は省《はぶ》けるが**風味《ふうみ》は落《お》ちる**

泥《どろ》付《つ》きは**風味《ふうみ》も**香《かお》りも強《つよ》くて**日持《ひも》ちも良《よ》い**

比《くら》べてみよう！

表《ひょう》面《めん》がゴツゴツしていなくて、まっすぐに伸《の》びているものが良品《りょうひん》です。泥付《どろつ》きでずっしりと重《おも》みがあるゴボウを選《えら》びましょう。ただし、太《ふと》すぎるゴボウは育《そだ》ちすぎてス*が入《はい》っている場合《ばあい》があるので注意《ちゅうい》が必要《ひつよう》です。

また、ヒゲ根《ね》のあとの間隔《かんかく》が均等《きんとう》で少《すく》なめのものは、育《そだ》った土壌《どじょう》の環境《かんきょう》が良《よ》いといわれています。

歯《は》ごたえがよく香《かお》りも強《つよ》い新鮮《しんせん》なゴボウはかたさをチェックしましょう。弾力《だんりょく》があるものは新鮮《しんせん》で、端《はし》を持《も》ったときにやわらかくグニャグニャ曲《ま》がるものは収穫後時間《しゅうかくごじかん》がたっています。また端《はし》の切《き》り口《くち》が緑色《みどりいろ》になっているものは鮮度《せんど》が落《お》ちているので、切《き》り口《くち》が白《しろ》いものを選《えら》びましょう。

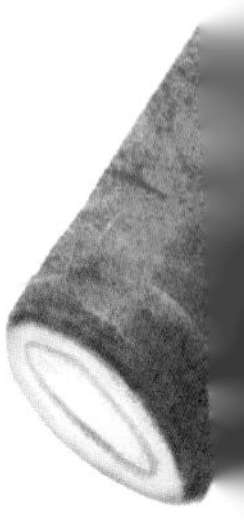

＊スは、中身《なかみ》に穴《あな》やすき間《ま》ができた、スカスカになっている状態《じょうたい》のこと。

店員《てんいん》のヒトコト

ゴボウは皮付《かわつ》きでも食《た》べられるよ！アルミホイルで軽《かる》くこする程度《ていど》でOK！

旬《しゅん》の目安《めやす》 1月 2月 3月 4月 5月 6月 7月 8月 9月 10月 11月 12月

おいしい!　おいしい!

17 レンコンは穴《あな》の中《なか》まで白《しろ》いものが新鮮《しんせん》でおいしい

かたくて、ずんぐり丸《まる》い!
穴《あな》をのぞいて
おいしいメガネ
穴《あな》の中《なか》が黒《くろ》ずんでいない!

野菜博士《やさいはかせ》への道《みち》

日本《にっぽん》には奈良時代《ならじだい》に中国《ちゅうごく》からやってきました。レンコンはハスという植物《しょくぶつ》の地下茎《ちかけい》です。ビタミンC《シー》、カリウム、食物繊維《しょくもつせんい》など多《おお》くの栄養素《えいようそ》が含《ふく》まれています。注目《ちゅうもく》したい成分《せいぶん》のタンニンはポリフェノールの一種《いっしゅ》で、活性酸素《かっせいさんそ》の働《はたら》きをおさえることで老化《ろうか》防止効果《ぼうしこうか》が期待《きたい》できます。

生産地《せいさんち》TOP3

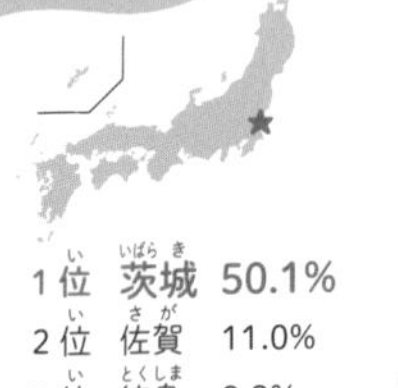

1位《い》 茨城《いばらき》 50.1%
2位《い》 佐賀《さが》 11.0%
3位《い》 徳島《とくしま》 9.9%

穴《あな》の中《なか》の色《いろ》を
よく見《み》てみよう

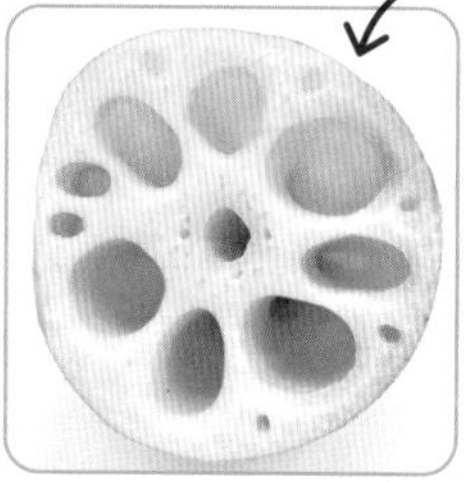

切《き》り口《くち》がクリーム色《いろ》のものは**新鮮《しんせん》**

穴《あな》が黒《くろ》ずんでいるものは**いたんでいる**可能性《かのうせい》あり

よく見《み》てみよう！

ずっしり重《おも》いレンコンは水分《すいぶん》を多《おお》く含《ふく》んでいるので、みずみずしくておいしいです。形《かたち》は細身《ほそみ》のものよりもずんぐり丸《まる》く、皮《かわ》の色《いろ》は黒《くろ》っぽくなくクリーム色《いろ》でキズやはんてんが少《すく》ないものを選《えら》べば失敗《しっぱい》がありません。

切《き》り口《くち》は鮮度《せんど》の目安《めやす》になるのでチェックしましょう。切《き》りたてはきれいなクリーム色《いろ》をしていますが、時間《じかん》がたつと徐々《じょじょ》に赤《あか》みがかった色《いろ》に変色《へんしょく》していきます。穴《あな》の中《なか》が黒《くろ》ずんでいるものも収穫後《しゅうかくご》時間《じかん》がたっている証拠《しょうこ》なので選《えら》ばないようにしましょう。

レンコンは地下《ちか》を横《よこ》にはうハスの茎《くき》の部分《ぶぶん》で、穴《あな》は空気孔《くうきこう》です。穴《あな》は均一《きんいつ》で小《ちい》さめのほうが良品《りょうひん》とされます。

店員《てんいん》のヒトコト

レンコンも皮《かわ》ごと食《た》べよう！
皮《かわ》は薄《うす》くて食《た》べやすいし、栄養《えいよう》も豊富《ほうふ》！

18

タケノコは皮《かわ》が薄《うす》茶《ちゃ》色《いろ》のものがエグみが少《すく》なくおいしい

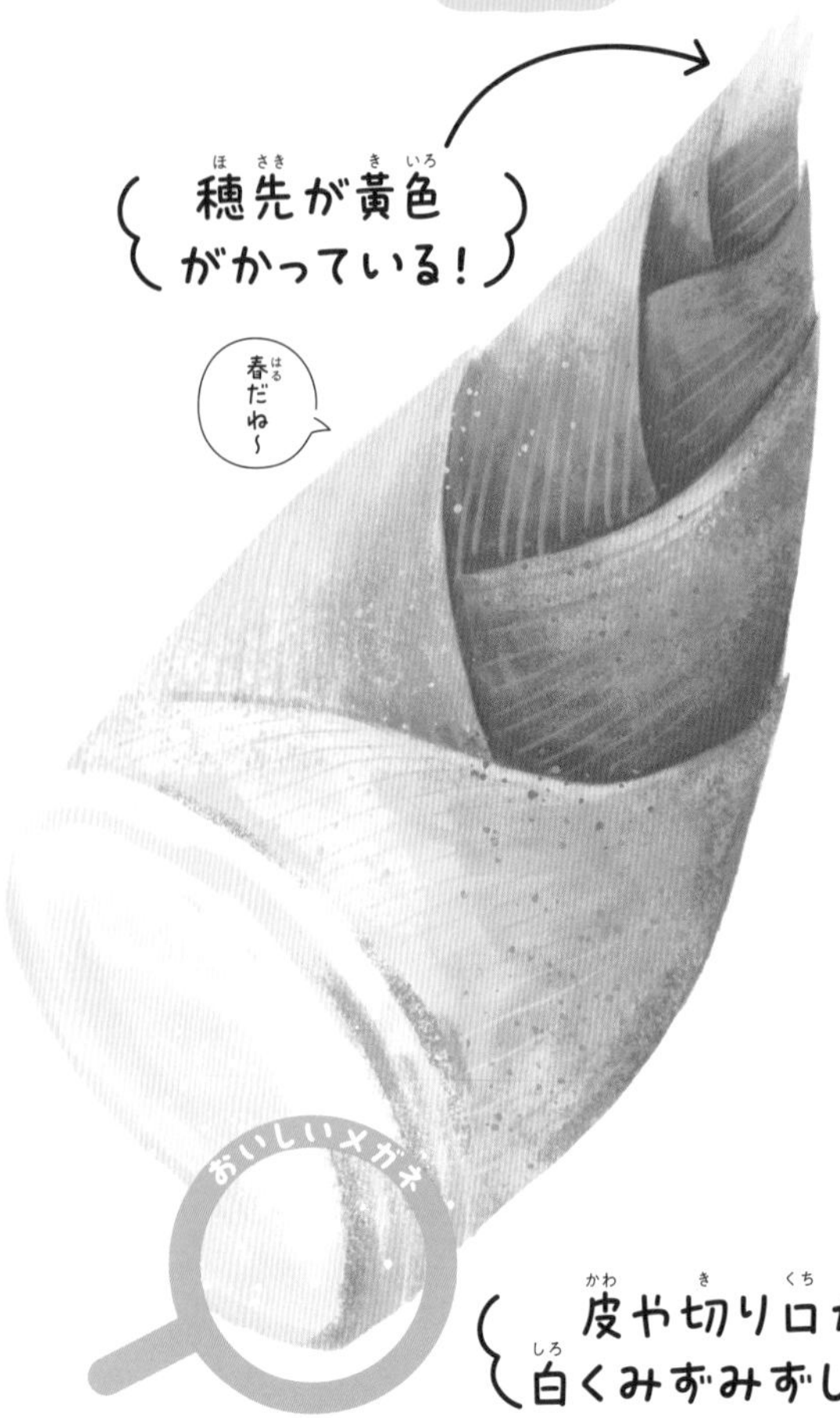
穂《ほ》先《さき》が黄《き》色《いろ》がかっている！
春《はる》だね～
おいしいメガネ
皮《かわ》や切《き》り口《くち》が白《しろ》くみずみずしい！

野《や》菜《さい》博《はか》士《せ》への道《みち》

現在《げんざい》食《た》べられているのは主《おも》にモウソウチクという品種《ひんしゅ》で原産地《げんさんち》は中国《ちゅうごく》です。タケノコは文字通《もじどお》り「竹《たけ》の子《こ》ども」で、竹《たけ》の若芽《わかめ》です。食物繊維《しょくもつせんい》をたっぷり含《ふく》み、便秘《べんぴ》の改善《かいぜん》や腸内《ちょうない》の老廃物《ろうはいぶつ》を排出《はいしゅつ》するなど、大腸《だいちょう》ガンの予防《よぼう》に効果《こうか》があるといわれます。

生産地《せいさんち》TOP3

1位《い》	福岡《ふくおか》	25.4%
2位《い》	鹿児島《かごしま》	21.7%
3位《い》	熊本《くまもと》	12.8%

切《き》り口《くち》の色《いろ》で鮮度《せんど》を見極《みきわ》めよう

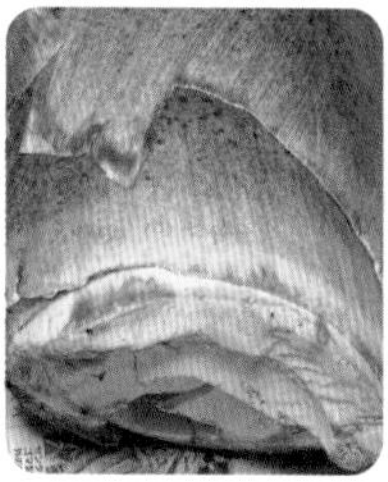

鮮度《せんど》が落《お》ちる

茶褐色《ちゃかっしょく》や黒《くろ》に変色《へんしょく》したものは

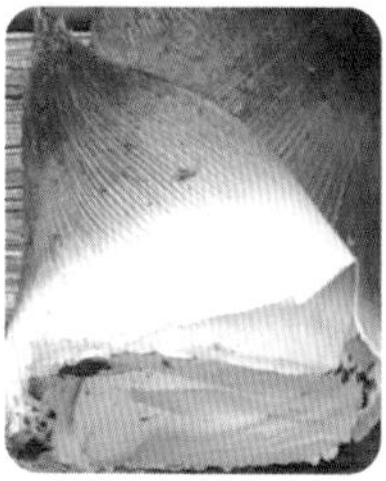

新鮮《しんせん》

切《き》り口《くち》が白《しろ》いものは

比《くら》べてみよう！

タケノコは成長《せいちょう》しすぎるとエグみ*が どんどん増《ま》していきます。日《ひ》が当《あ》たりすぎると色《いろ》が濃《こ》くなっていくので、皮《かわ》の色《いろ》が濃《こ》すぎないほうがエグみが少《すく》なくておいしいです。また、大《おお》きさのわりにずっしり重《おも》くて横幅《よこはば》があるものを選《えら》びましょう。

タケノコは鮮度《せんど》が味《あじ》の決《き》め手《て》です。切《き》ってから時間《じかん》がたつと黒《くろ》ずんでいくので、切《き》り口《くち》が白《しろ》いものを選《えら》びましょう。また、皮《かわ》が乾《かわ》いているのも収穫《しゅうかく》してから時間《じかん》がたっている証拠《しょうこ》です。

頭《あたま》（穂先《ほさき》）が黄色《きいろ》がかり開《ひら》いていないものは鮮度《せんど》が良《よ》くおいしいです。緑色《みどりいろ》っぽいものや黒《くろ》ずんでいるものは避《さ》けましょう。古《ふる》くなると繊維《せんい》がかたくなり、苦《にが》みも出《で》ておいしくありません。

*エグみは、感《かん》じの悪《わる》い苦《にが》みのこと。

店員《てんいん》のヒトコト

収穫《しゅうかく》して時間《じかん》がたつとアク*が出《で》るので、買《か》ってきたらすぐにゆでて！

*アクは、植物《しょくぶつ》に含《ふく》まれる渋《しぶ》み。

コラム②

スーパー青果部《せいかぶ》の一日《いちにち》のお仕事《しごと》

毎朝開店前《まいあさかいてんまえ》は、売《う》り場《ば》作《づく》りをするのであわただしく働《はたら》いています。値段《ねだん》の確認《かくにん》、鮮度《せんど》チェック、袋詰《ふくろづ》め、カット野菜《やさい》作《づく》りなど、お客《きゃく》さんが来《く》る前《まえ》にやらないといけないことが盛《も》りだくさんです。そのほか、午前中《ごぜんちゅう》と夕方《ゆうがた》はお買《か》い物《もの》にくるお客《きゃく》さんが多《おお》いので忙《いそが》しい時間帯《じかんたい》になります。お客《きゃく》さん対応《たいおう》ももちろんなのですが、開店中《かいてんちゅう》の品出《しなだ》しも大事《だいじ》な仕事《しごと》です。スーパーは棚《たな》が空《あ》いていることをよしとしません。商品《しょうひん》が売《う》れて空《あ》きが出《で》ないようどんどん品《しな》出《だ》しをしなければなりません。

　意外《いがい》と知《し》られていないのですが、開店中《かいてんちゅう》にも売《う》り場《ば》に出《で》ている全商品《ぜんしょうひん》の鮮度《せんど》チェックをして、見切《みき》り品《ひん》に回《まわ》したりバックヤードに運《はこ》んだりしています。見切《みき》り品《ひん》にする場合《ばあい》は、値段《ねだん》をつけかえたり、パソコンの帳簿《ちょうぼ》につけたりする必要《ひつよう》があります。昼過《ひるす》ぎから15時《じ》ごろまではお客《きゃく》さんが少《すく》なく、アイドルタイムとよばれますが、この時間帯《じかんたい》にこれらの作業《さぎょう》をしているので、ゆっくり休《やす》む時間《じかん》はあまりありません。

ある一日《いちにち》のスケジュール

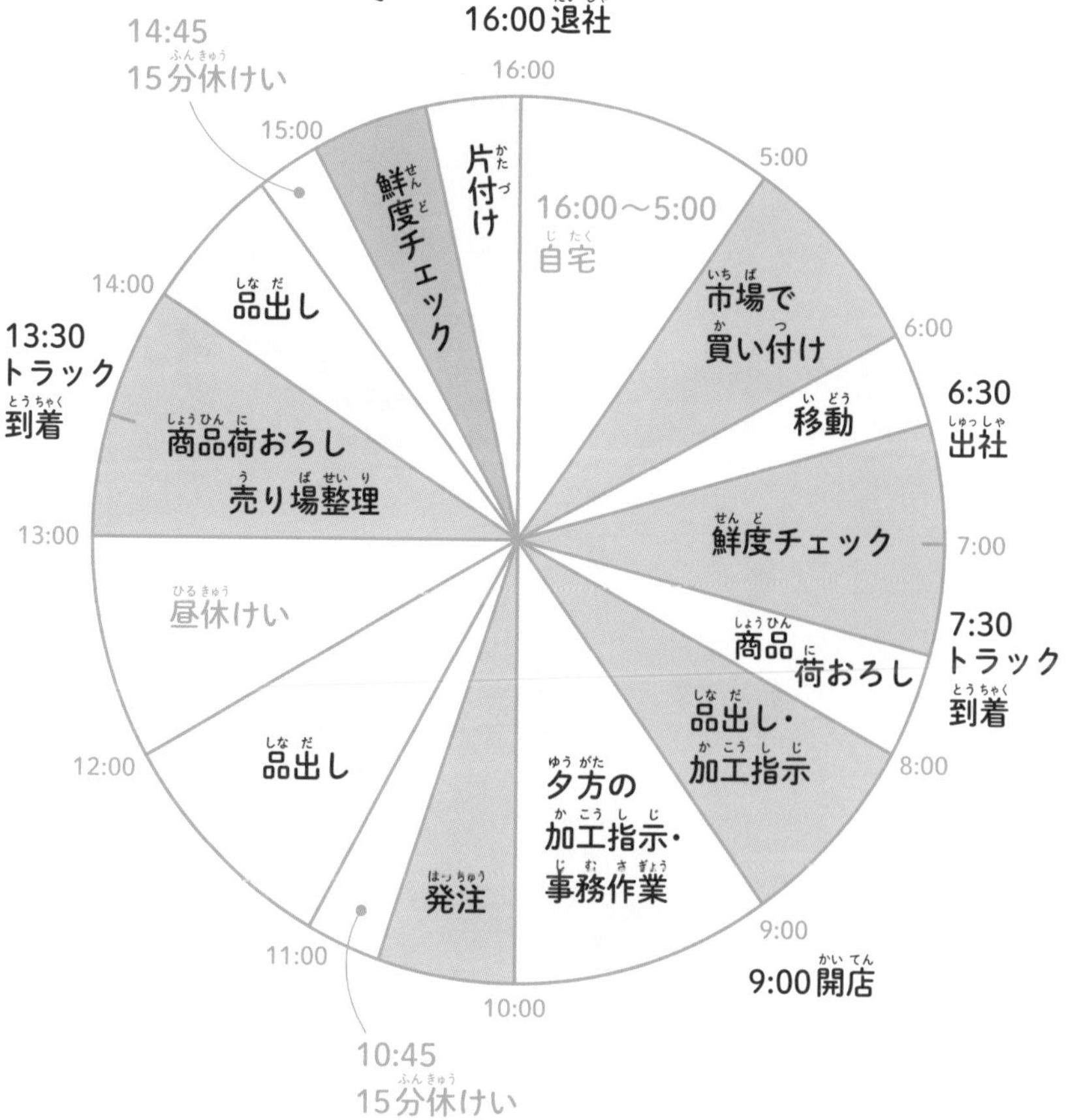

3章《しょう》「葉《は》」を食《た》べるやさい

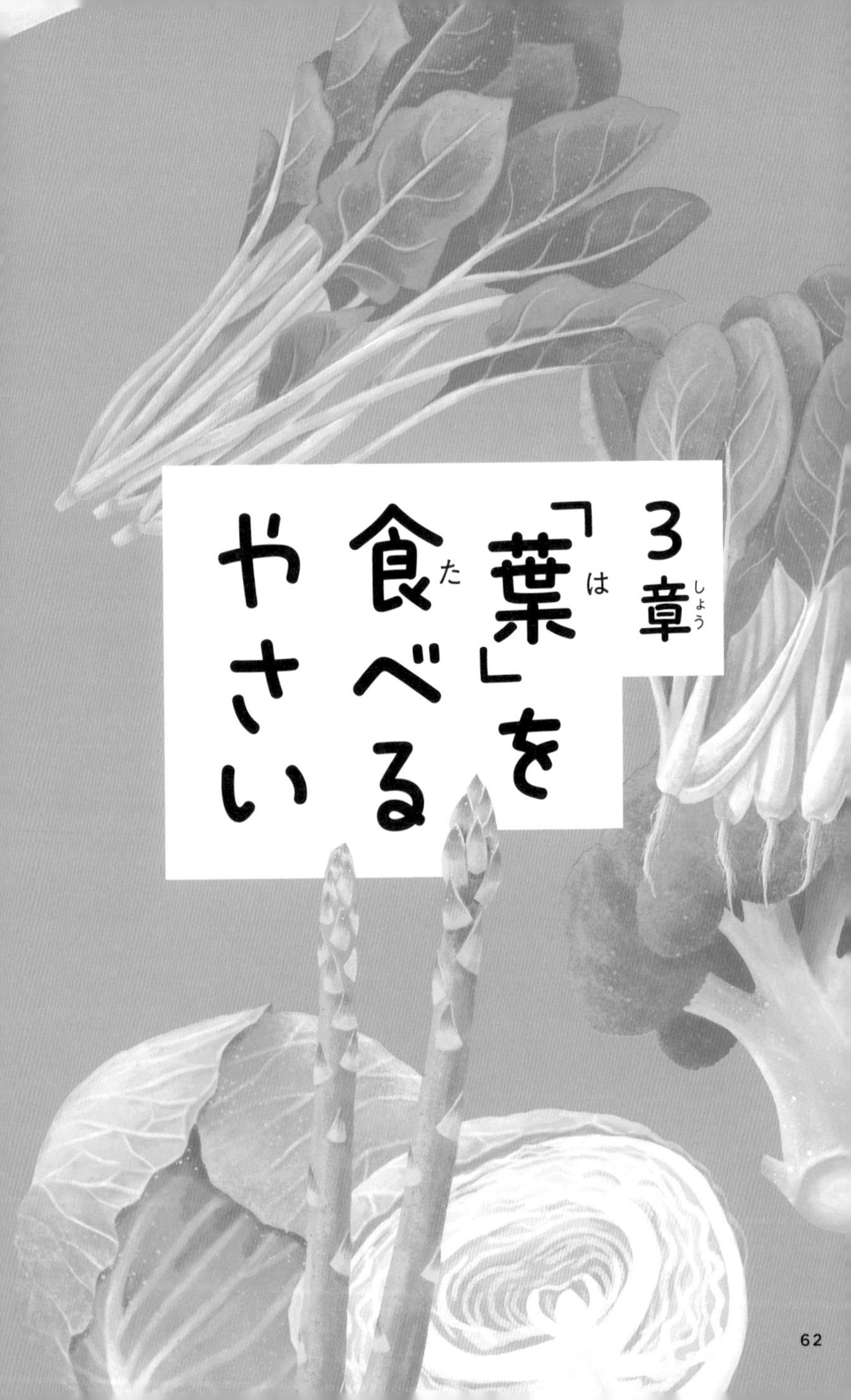

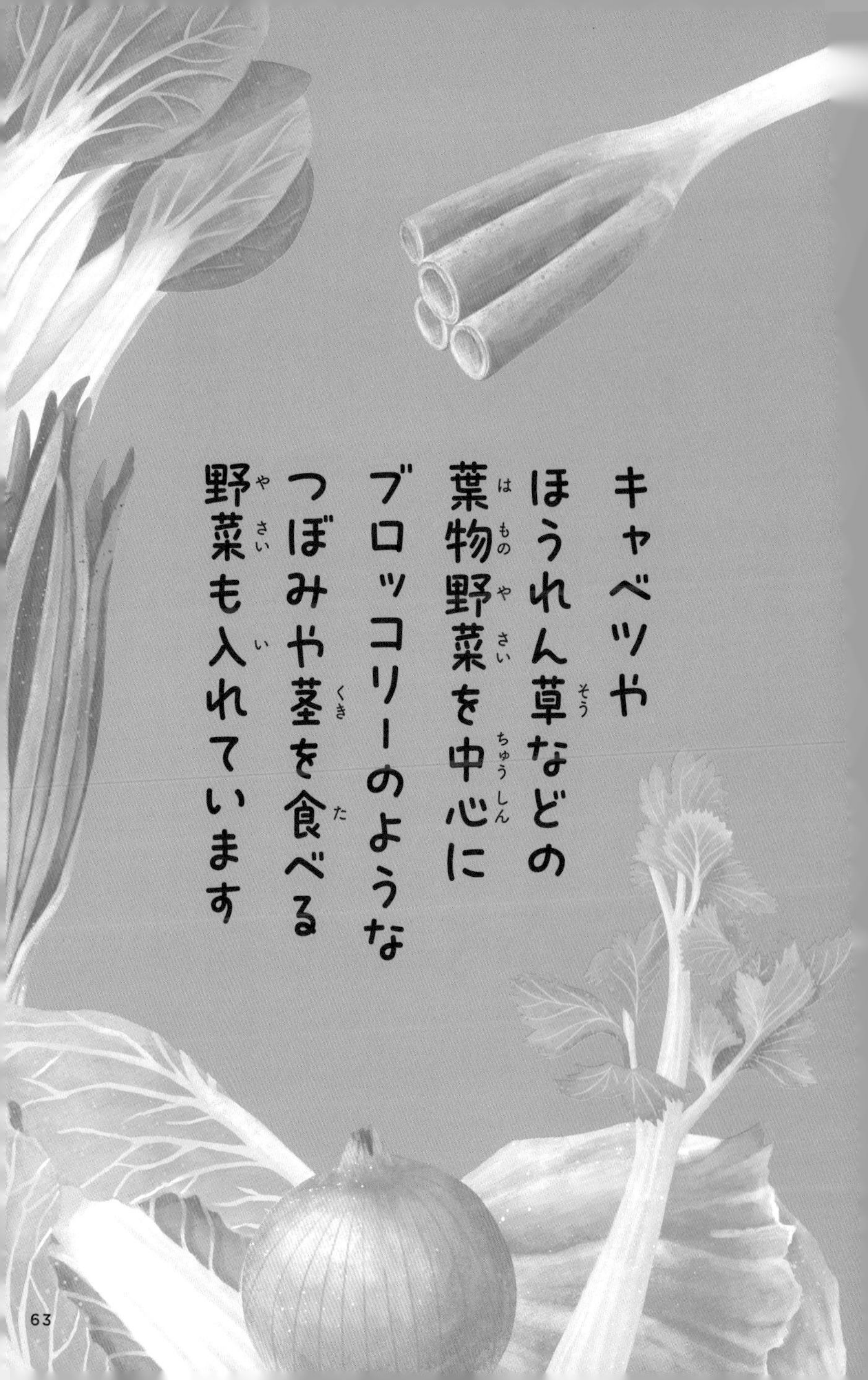

キャベツや
ほうれん草《そう》などの
葉《は》物《もの》野《や》菜《さい》を中《ちゅう》心《しん》に
ブロッコリーのような
つぼみや茎《くき》を食《た》べる
野《や》菜《さい》も入《い》れています

旬《しゅん》の目安《めやす》 1月 2月 3月 4月 5月 6月 7月 8月 9月 10月 11月 12月

冬《ふゆ》キャベツおいしい！ 春《はる》キャベツおいしい！

19

キャベツの切《き》り口《くち》は黄《き》色《いろ》が新《しん》鮮《せん》でおいしい

冬《ふゆ》キャベツ

外側《そとがわ》の葉《は》がついていて、緑色《みどりいろ》が濃《こ》い！
キャベキャベ
おいしいメガネ
芯《しん》の高《たか》さが全体《ぜんたい》の1/3くらい！
芯《しん》の切《き》り口《くち》が白《しろ》くきれい！

野菜博士《やさいはかせ》への道《みち》

ヨーロッパ原産《げんさん》で、古《ふる》くから世界中《せかいじゅう》で食《た》べられ、日本《にっぽん》での栽培《さいばい》は明治時代《めいじじだい》に始《はじ》まりました。ビタミンB《ビー》群《ぐん》やビタミンC《シー》、ビタミンU《ユー》をたっぷり含《ふく》んでいます。胃炎《いえん》などの回復《かいふく》に効果《こうか》が期待《きたい》できるビタミンU《ユー》はアミノ酸《さん》の一種《いっしゅ》で、キャベツから発見《はっけん》されたので「キャベジン」ともよばれます。

生産地《せいさんち》TOP3

1位《い》	群馬《ぐんま》	18.7%
2位《い》	愛知《あいち》	18.2%
3位《い》	千葉《ちば》	7.5%

冬《ふゆ》キャベツと春《はる》キャベツの選《えら》び方《かた》のポイントは正反対《せいはんたい》

冬《ふゆ》キャベツはずっしり重《おも》くてかたいものがおいしい

春《はる》キャベツはやわらかくて軽《かる》いものがおいしい

比《くら》べてみよう！

冬《ふゆ》キャベツは、巻《ま》きが多《おお》くしっかりと詰《つ》まっていて、ずっしりと重《おも》くかたいものがおいしいです。

外側《そとがわ》の葉《は》は鮮《あざ》やかな緑色《みどりいろ》のものが新《しん》鮮《せん》なのですが、冬《ふゆ》は紫色《むらさきいろ》に変色《へんしょく》することもあります。これは寒気《かんき》にふれて甘《あま》みが増《ま》している証拠《しょうこ》なので気《き》にしなくても大丈夫《だいじょうぶ》です。

春《はる》キャベツはサラダで食《た》べることが多《おお》いですが、育《そだ》ちすぎるとかたくなり、サラダに向《む》かなくなります。やわらかい食感《しょっかん》を楽《たの》しみたいなら、軽《かる》いものを選《えら》びましょう。

カットキャベツの切《き》り口《くち》は照明《しょうめい》に当《あ》たると黄色《きいろ》から緑色《みどりいろ》に変色《へんしょく》するので、切《き》り口《くち》の中央《ちゅうおう》は黄色《きいろ》いもののほうが新《しん》鮮《せん》です。

店員《てんいん》のヒトコト

春《はる》キャベツは「春玉《はるだま》」「新《しん》キャベツ」、冬《ふゆ》キャベツは「寒玉《かんだま》」「冬玉《ふゆだま》」とよぶよ！

旬《しゅん》の目《め》安《やす》 1月 2月 3月 4月 5月 6月 7月 8月 9月 10月 11月 12月

おいしい！ おいしい！

20

白《はく》菜《さい》は芯《しん》の大《おお》きさが五《ご》百《ひゃく》円《えん》玉《だま》サイズがおいしい

葉《よう》脈《みゃく》（葉《は》の筋《すじ》）が左右《さゆう》対称《たいしょう》！

おいしいメガネ
芯《しん》の切《き》り口《くち》が五《ご》百《ひゃく》円《えん》玉《だま》くらいの大《おお》きさ！

野《や》菜《さい》博《はか》士《せ》への道《みち》

原産地《げんさんち》は中国北部《ちゅうごくほくぶ》です。明治時代《めいじじだい》から日本《にっぽん》でも作《つく》られるようになり、東洋《とうよう》の代表的《だいひょうてき》な野菜《やさい》といえます。ほとんど水分《すいぶん》ですが、免《めん》疫力《えきりょく》を高《たか》めて風邪《かぜ》予防《よぼう》や疲労回復《ひろうかいふく》に効果《こうか》のあるビタミンC《シー》が豊富《ほうふ》です。また、利尿《りにょう》作用《さよう》があり体内《たいない》の水分《すいぶん》を調整《ちょうせい》するカリウムなどのミネラル類《るい》も多《おお》く含《ふく》みます。

生産地《せいさんち》TOP3

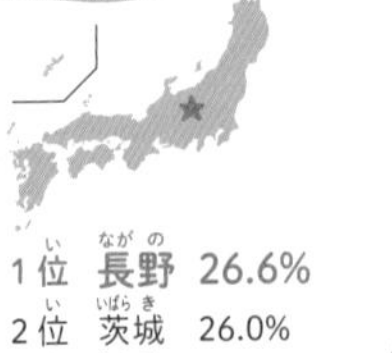

1位《い》 長野《ながの》 26.6%
2位《い》 茨城《いばらき》 26.0%
3位《い》 群馬《ぐんま》 3.4%

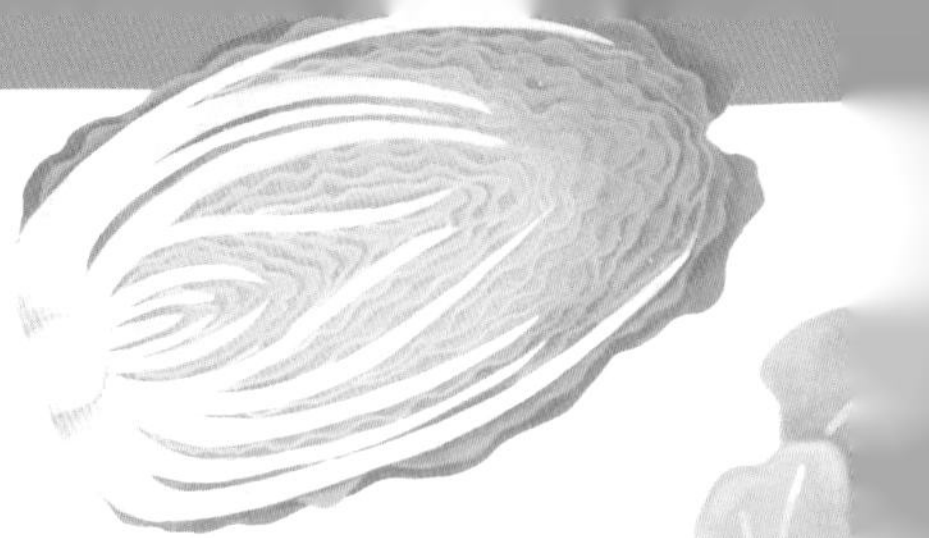

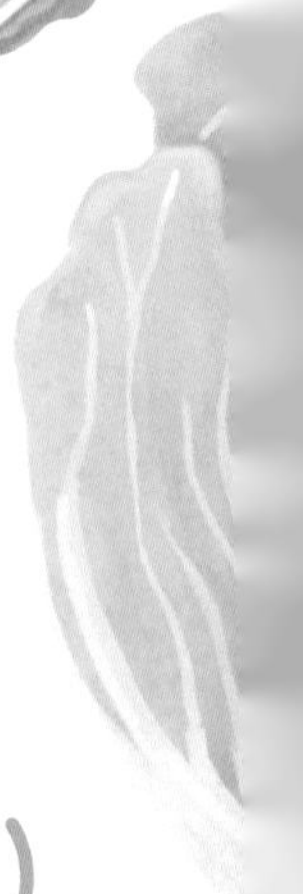

切《き》り口《くち》が黄色《きいろ》いものを選《えら》ぼう

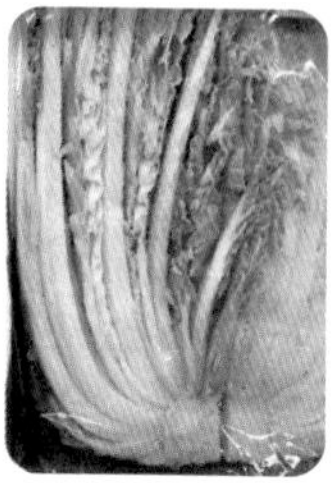

緑色《みどりいろ》になり盛《も》り上《あ》がっているものは**時間《じかん》がたっている**

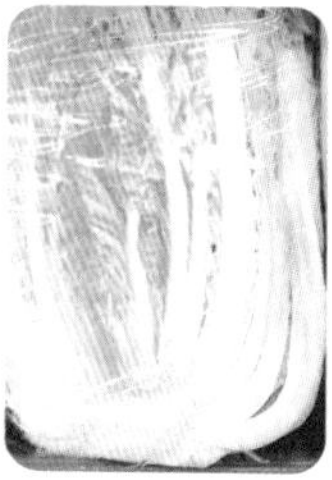

平《たい》らで黄色《きいろ》いものは**新鮮《しんせん》**＊

比《くら》べてみよう!

＊品種《ひんしゅ》によります

白《はく》菜《さい》をまるごと買《か》うときは、大《おお》きさよりも重《おも》さで選《えら》びましょう。重《おも》いほうがみずみずしく糖度《とうど》も高《たか》い傾《けい》向《こう》があります。葉脈《ようみゃく》が左右《さゆう》対称《たいしょう》の白菜《はくさい》は成長《せいちょう》に偏《かたよ》りがなくおいしい証拠《しょうこ》です。芯《しん》の切《き》り口《くち》が五百円玉《ごひゃくえんだま》サイズのものは栄養《えいよう》を十分《じゅうぶん》に吸収《きゅうしゅう》し、自然《しぜん》な速度《そくど》で成長《せいちょう》したものです。また、芯《しん》の切《き》り口《くち》が黒《くろ》ずんでいるものは時間《じかん》がたっているので、白《しろ》いものを選《えら》びましょう。

カット白菜《はくさい》は、葉《は》がぎっしりと詰《つ》まっているもののほうが、寒《さむ》さから身《み》を守《まも》るために糖度《とうど》を蓄《たくわ》えておいしくなっています。キャベツと同様《どうよう》、切《き》りたてのものは切《き》り口《くち》が黄色《きいろ》いのですが、時間《じかん》が経過《けいか》すると緑色《みどりいろ》に変色《へんしょく》して少《すこ》しかたくなり味《あじ》も落《お》ちています。

店員《てんいん》のヒトコト

黒《くろ》いつぶつぶはポリフェノール。食《た》べても問題《もんだい》ないので気《き》にしなくても大丈夫《だいじょうぶ》!

21

ほうれん草《そう》は葉《は》の緑《みどり》色《いろ》が濃《こ》く、厚《あつ》みがあるものがおいしい

葉先《はさき》がピンとしている!
おいしいメガネ
葉脈《ようみゃく》(葉《は》の筋《すじ》)が左右対称《さゆうたいしょう》!
モリモリたべてね

野菜博士《やさいはかせ》への道《みち》

西《にし》アジアで生《う》まれ、ヨーロッパで西洋種《せいようしゅ》、アジアで東洋種《とうようしゅ》が作《つく》られました。葉物野菜《はものやさい》の中《なか》でも栄養《えいよう》はずば抜《ぬ》けています。ビタミン類《るい》を多《おお》く含《ふく》み、体内《たいない》でビタミンA《エー》に変《か》わるβ《ベータ》-カロテンは、髪《かみ》・目《め》・肌《はだ》の健康維持《けんこういじ》効果《こうか》が期待《きたい》できます。また鉄分《てつぶん》と葉酸《ようさん》も多《おお》く、貧血予防《ひんけつよぼう》に有効《ゆうこう》といわれます。

生産地《せいさんち》 TOP3

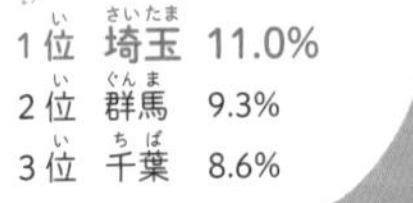

1位《い》	埼玉《さいたま》	11.0%
2位《い》	群馬《ぐんま》	9.3%
3位《い》	千葉《ちば》	8.6%

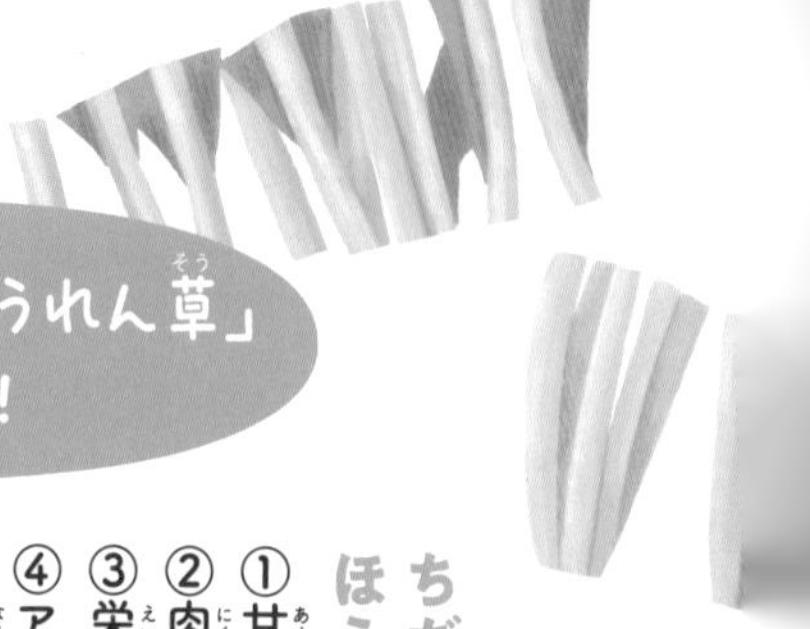

おいしい「ちぢみほうれん草《そう》」をさがそう！

ちぢみほうれん草《そう》の特徴《とくちょう》

①甘《あま》い
②肉厚《にくあつ》
③栄養価《えいようか》が高《たか》い
④アクが少《すく》なくて生《なま》でも食《た》べられる

よく見《み》てみよう！

ほうれん草《そう》は、葉《は》の緑《みどり》が鮮《あざ》やかで、葉先《はさき》がピンとしてハリがあり、厚《あつ》みがあるものを選《えら》びましょう。

茎《くき》が太《ふと》く、根元《ねもと》の赤色《あかいろ》が強《つよ》いかどうかもポイントです。根元《ねもと》の色《いろ》はミネラルの色素《しきそ》で、厳《きび》しい寒《さむ》さをしのぐために栄養素《えいようそ》を蓄《たくわ》えた結果《けっか》を表《あらわ》しています。赤《あか》みが強《つよ》いほど甘《あま》みが強《つよ》くておいしいほうれん草《そう》*です。

ほうれん草《そう》は収穫後《しゅうかくご》時間《じかん》がたつと葉《は》先《さき》からしおれてくるので、葉先《はさき》を重点的《じゅうてんてき》にチェックしてください。また、黒《くろ》ずんだり変色《へんしょく》したりしているものは避《さ》けましょう。

根付《ねつ》きではなく根《ね》がカットされている場合《ばあい》は、根元《ねもと》の切《き》り口《くち》が新《あたら》しいものを選《えら》びましょう。

*品種《ひんしゅ》によります

店員《てんいん》のヒトコト

ほうれん草《そう》は根元《ねもと》まで食《た》べよう！
ミネラル豊富《ほうふ》だから捨《す》てるのはもったいないよ。

旬《しゅん》の目安《めやす》 1月 2月 3月 4月 5月 6月 7月 8月 9月 10月 11月 12月

おいしい! おいしい!

22

チンゲン菜《さい》は茎《くき》部《ぶ》分《ぶん》に打《う》ち身《み》がないものがおいしい

茎《くき》の幅《はば》が広《ひろ》く肉厚《にくあつ》で打《う》ち身《み》がない!

茎《くき》の切《き》り口《くち》がみずみずしい!

野菜博士《やさいはかせ》への道《みち》

中国《ちゅうごく》が原産《げんさん》で、1970年代《ねんだい》の日中国交回復《にっちゅうこっこうかいふく》の頃《ころ》に日本《にっぽん》に広《ひろ》まった中国野菜《ちゅうごくやさい》です。β《ベータ》-カロテンを多《おお》く含《ふく》み、視力低下《しりょくていか》を予防《よぼう》する効果《こうか》などが期待《きたい》できます。また、骨《ほね》を強《つよ》くするカルシウムやカリウム・鉄《てつ》などのミネラル類《るい》も多《おお》く、栄養的《えいようてき》にもすぐれています。

生産地《せいさんち》TOP3

1位《い》 茨城《いばらき》 28.2%
2位《い》 静岡《しずおか》 18.3%
3位《い》 愛知《あいち》 6.8%

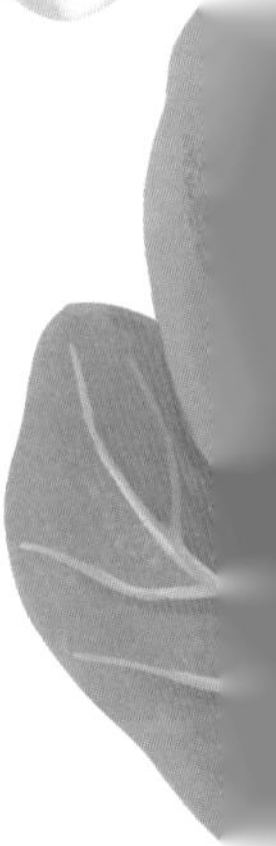

葉《は》の色《いろ》をよく見《み》よう

葉《は》が黄色《きいろ》いものは
鮮度《せんど》が落《お》ちている

新鮮《しんせん》なものは、
葉《は》が鮮《あざ》やかな緑色《みどりいろ》

比《くら》べてみよう！

チンゲン菜《さい》は茎《くき》の幅《はば》が広《ひろ》く肉厚《にくあつ》で、重《おも》みがあるものを選《えら》びましょう。茎《くき》が根元《ねもと》にかけてふっくらと丸《まる》みがあり、大《おお》きなチンゲン菜《さい》はシャキシャキした食感《しょっかん》で甘《あま》みがあります。

葉《は》は鮮《あざ》やかな緑色《みどりいろ》で、葉先《はさき》までピンとしていてハリがあるものを選《えら》ぶようにしましょう。

収穫後時間《しゅうかくごじかん》がたつと葉《は》は黄色《きいろ》く変色《へんしょく》していきます。また、茎《くき》に衝撃《しょうげき》が加《くわ》わるとすぐ打《う》ち身《み》やキズができて、そこからいたんでいきます。葉《は》に枯《か》れた部《ぶ》分《ぶん》や黄色《きいろ》く変色《へんしょく》している部分《ぶぶん》がないか、キズなどがないかをよく確認《かくにん》してから買《か》いましょう。

茎《くき》の根元《ねもと》の切《き》り口《くち》がみずみずしいかどうかもチェックポイントです。

店員《てんいん》のヒトコト

「ざく切《ぎ》り」「3分《ぷん》レンチン」「好《この》みの味付《あじつ》け」で簡単《かんたん》においしく食《た》べられる！

旬《しゅん》の目安《めやす》 1月 2月 3月 4月 5月 6月 7月 8月 9月 10月 11月 12月

おいしい!　おいしい!

23

小《こ》松《まつ》菜《な》は葉《は》が丸《まる》いものを選《えら》ぼう

葉《は》が丸《まる》く厚《あつ》みがある!
ほうれん草《そう》じゃないよ
おいしいメガネ
茎《くき》が太《ふと》く、根《ね》が長《なが》い!

野《や》菜《さい》博《はか》士《せ》への道《みち》

江戸時代《えどじだい》に東京都江戸川区《とうきょうとえどがわく》の小松川付近《こまつがわふきん》で栽培《さいばい》され始《はじ》めたことから、「小松菜《こまつな》」とよばれるようになりました。貧血予防《ひんけつよぼう》になる鉄《てつ》、止血作用《しけつさよう》があり、骨《ほね》の形成《けいせい》に役立《やくだ》つといわれるビタミンK《ケー》などのミネラルを多《おお》く含《ふく》みます。骨《ほね》などの材料《ざいりょう》になるカルシウムはほうれん草《そう》の3倍以上《ばいいじょう》も含《ふく》みます。

生産地《せいさんち》 TOP3

1位《い》	茨城《いばらき》	17.8%
2位《い》	埼玉《さいたま》	12.4%
3位《い》	福岡《ふくおか》	10.4%

葉《は》の野菜《やさい》

葉脈《ようみゃく》（葉《は》の筋《すじ》）の太《ふと》さをチェック！

葉脈《ようみゃく》が太《ふと》すぎるものは、かたくて食感《しょっかん》が悪《わる》い

ちょうど良《よ》い歯《は》ごたえ

比《くら》べてみよう！

葉《は》が丸《まる》みを帯《お》び肉厚《にくあつ》で緑色《みどりいろ》が鮮《あざ》やかなものが、甘《あま》くておいしい小《こ》松菜《まつな》です。適度《てきど》な大《おお》きさで葉脈《ようみゃく》（葉《は》の筋《すじ》）が左右対称《さゆうたいしょう》にそろったものが良《よ》いのですが、大《おお》きく育《そだ》ちすぎているものはかたくて食感《しょっかん》が悪《わる》い場合《ばあい》があります。葉脈《ようみゃく》が太《ふと》くなりすぎているものも避《さ》けましょう。

　葉《は》はピンとしていてみずみずしいものが新鮮《しんせん》なものです。茎《くき》は時間《じかん》がたつと、水分《すいぶん》が抜《ぬ》けてしおれてきます。太《ふと》くてハリがあるもののほうが小松菜《こまつな》特《とく》有《ゆう》のシャキシャキとした食感《しょっかん》を楽《たの》しめます。

　根付《ねつ》きの場合《ばあい》は、根《ね》が長《なが》くてしっかりはっているものを選《えら》んでください。根《ね》の長《なが》さは生育《せいいく》が良《よ》い証拠《しょうこ》です。

店員《てんいん》のヒトコト

小松菜《こまつな》は加熱《かねつ》しなくても食《た》べられる！
冷凍《れいとう》して、常温《じょうおん》で解凍《かいとう》すればOK！

旬《しゅん》の目安《めやす》 1月 2月 3月 4月 5月 6月 7月 8月 9月 10月 11月 12月

おいしい! おいしい!

24

長《なが》ネギは葉《は》の中《なか》のネバネバが多《おお》いほどおいしい

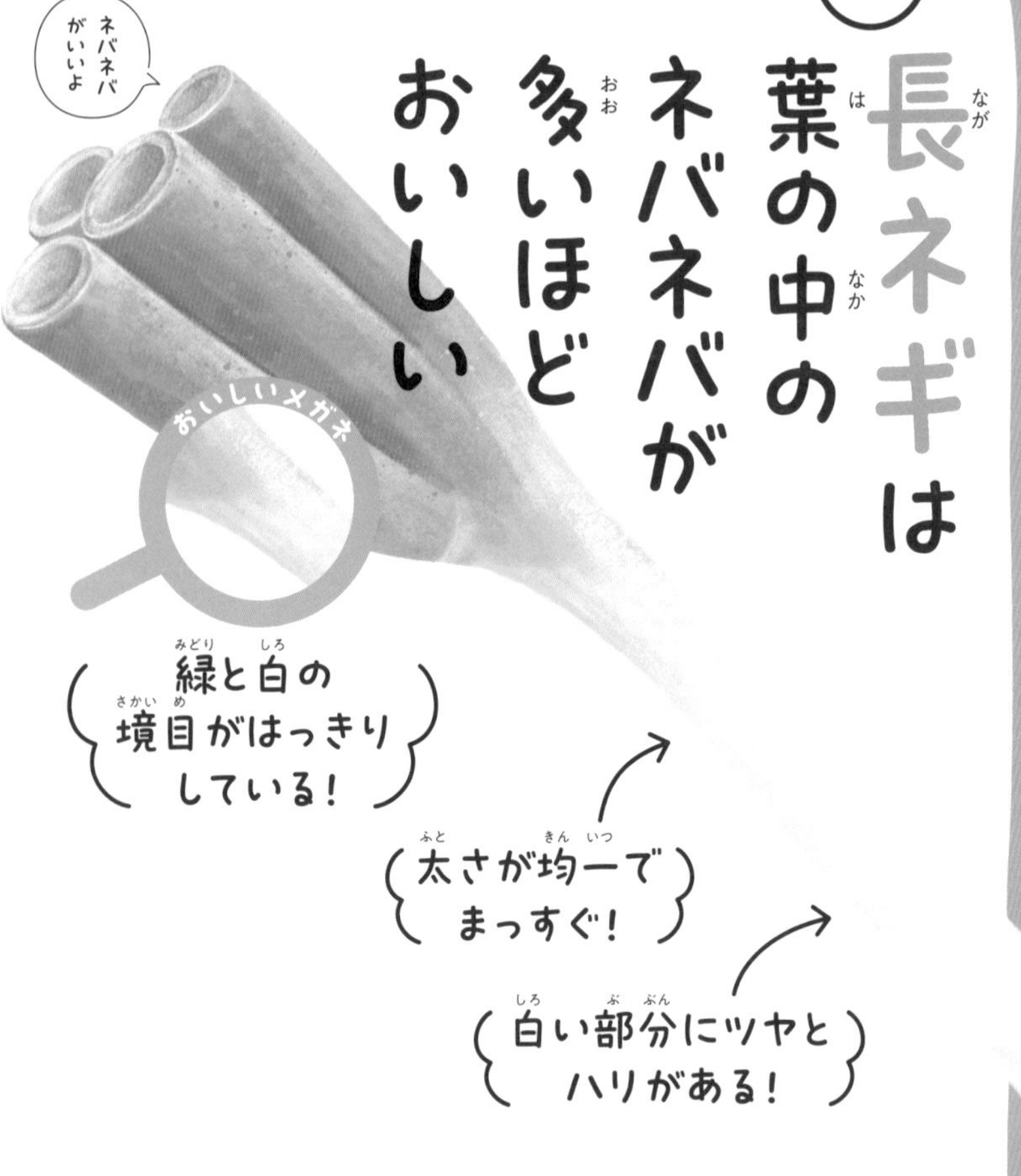

緑《みどり》と白《しろ》の境目《さかいめ》がはっきりしている!

太《ふと》さが均一《きんいつ》でまっすぐ!

白《しろ》い部分《ぶぶん》にツヤとハリがある!

野《や》菜《さい》博《はか》士《せ》への道《みち》

中国《ちゅうごく》や中央《ちゅうおう》アジアが原産地《げんさんち》とされ、日本《にっぽん》では古《ふる》くから栽培《さいばい》されています。からみやにおいのもとの硫化《りゅうか》アリルという成分《せいぶん》は、血《ち》のめぐりをよくする働《はたら》きがあります。ネバネバは寒気《かんき》にふれると作《つく》られる物質《ぶっしつ》。セルロースなどの糖《とう》が主成分《しゅせいぶん》で、免疫力《めんえきりょく》を高《たか》める効果《こうか》も期待《きたい》できます。

生産地《せいさんち》TOP3

1位《い》 千葉《ちば》 13.8%
2位《い》 埼玉《さいたま》 12.2%
3位《い》 茨城《いばらき》 11.2%

葉《は》の中《なか》のネバネバ量《りょう》で味《あじ》がわかる

パサパサのものは甘《あま》みが少《すく》ない

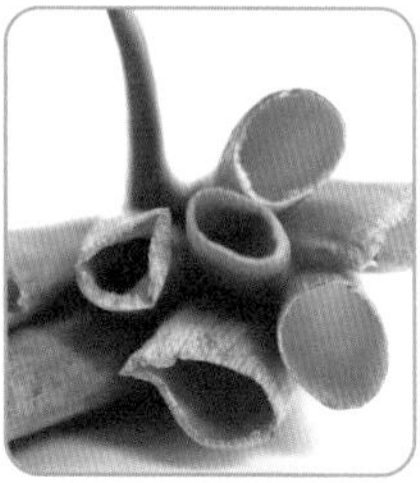

ネバネバが多《おお》いネギは甘《あま》い

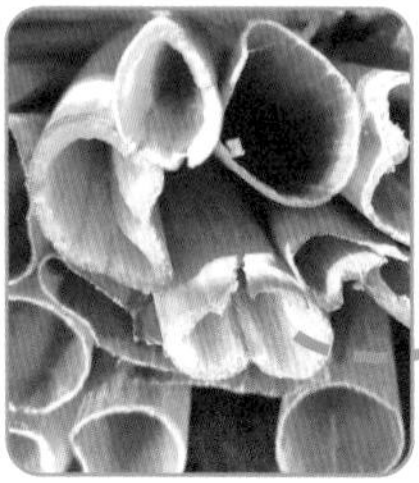

比《くら》べてみよう！

長《なが》ネギは白《しろ》い部《ぶ》分《ぶん》が日《ひ》の光《ひかり》に当《あ》たると緑《みどり》色《いろ》に変《か》わります。成長《せいちょう》に合《あ》わせて盛《も》り土《つち》をして白《しろ》い部《ぶ》分《ぶん》に光《ひかり》を当《あ》てないように育《そだ》てなければなりません。白《しろ》い部《ぶ》分《ぶん》と緑《みどり》の部《ぶ》分《ぶん》の境目《さかいめ》がはっきりと出《で》ているものはていねいに栽培《さいばい》され、生育状況《せいいくじょうきょう》が良《よ》かった証拠《しょうこ》です。

また、ネバネバの量《りょう》が多《おお》いほど甘《あま》みが強《つよ》くなるので、しっかりのぞいてチェックしましょう。

まっすぐに伸《の》びている長《なが》ネギは鮮度《せんど》がいいです。長《なが》ネギは太陽《たいよう》に向《む》かって伸《の》びようとします。お店《みせ》では横向《よこむ》きで陳列《ちんれつ》されることが多《おお》いので、時間《じかん》がたつと上方向《うえほうこう》に成長《せいちょう》し曲《ま》がってしまうのです。

店員《てんいん》のヒトコト

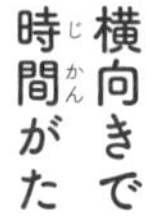

長《なが》ネギの糖度《とうど》は、完熟《かんじゅく》メロンと同《おな》じくらい高《たか》い！

旬《しゅん》の目安《めやす》	1月	2月	3月	4月	5月	6月	7月	8月	9月	10月	11月	12月
				おいしい!						おいしい!		

25

レタスは軽《かる》いほうがフワッとした食感《しょっかん》でおいしい

芯《しん》の切《き》り口《くち》が十円玉《じゅうえんだま》サイズ!

大《おお》きさのわりに軽《かる》い!

野菜博士《やさいはかせ》への道《みち》

原産地《げんさんち》は西《にし》アジアから地中海地方《ちちゅうかいちほう》といわれています。日本《にっぽん》に伝《つた》わったのは奈良時代《ならじだい》と古《ふる》く、一般的《いっぱんてき》な丸《まる》い形《かたち》の玉《たま》レタスが入《はい》ってきたのは明治時代《めいじじだい》、広《ひろ》く食《た》べられるようになったのは近年《きんねん》です。玉《たま》レタスは95%以《い》上《じょう》が水分《すいぶん》ですが、ビタミンK《ケー》、カリウム、カルシウムなどの栄養分《えいようぶん》を含《ふく》んでいます。

生産地《せいさんち》TOP3

1位《い》	長野《ながの》	34.2%
2位《い》	茨城《いばらき》	14.9%
3位《い》	群馬《ぐんま》	8.9%

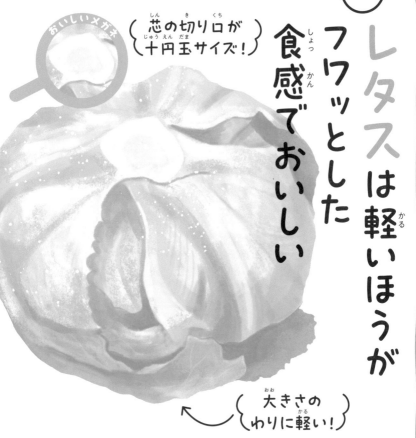

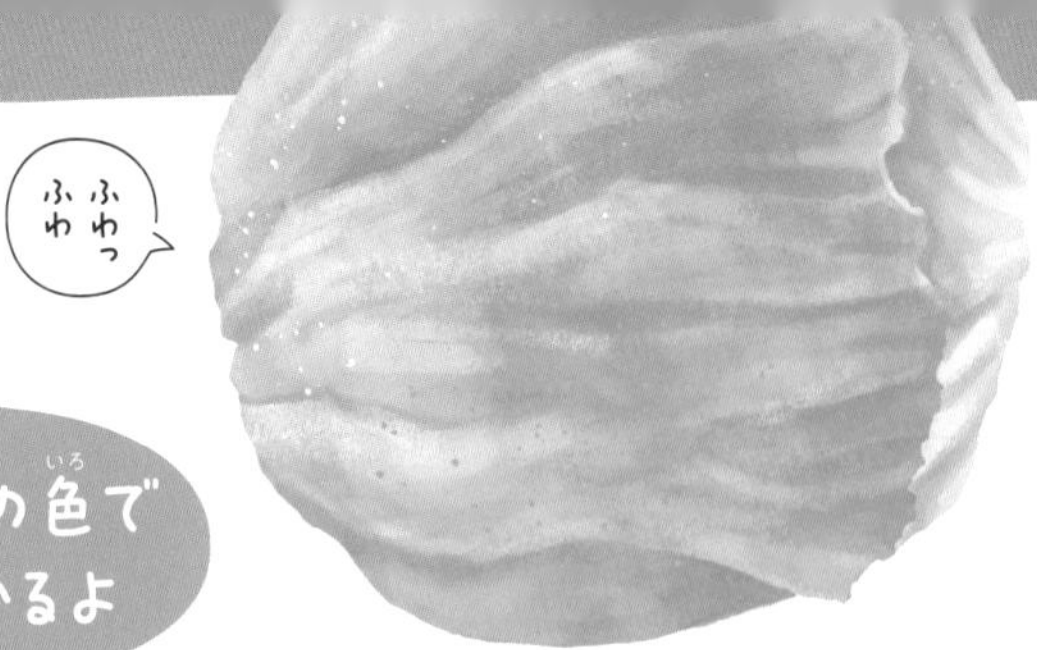

芯《しん》の切《き》り口《くち》の色《いろ》で鮮度《せんど》がわかるよ

切《き》り口《くち》がピンク色《いろ》のものは×

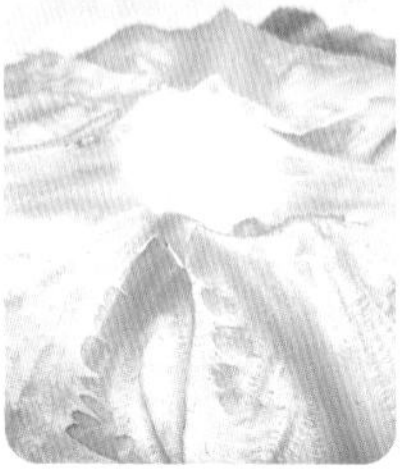

切《き》り口《くち》が白《しろ》いものは○

比《くら》べてみよう!

持《も》ってみて軽《かる》いレタスを選《えら》びましょう。巻《ま》きがゆるいものはやわらかい食感《しょっかん》でおいしいですよ。芯《しん》の切《き》り口《くち》は十円玉大《じゅうえんだまだい》のものが風味《ふうみ》が良《よ》いとされています。

レタスは白《しろ》い液《えき》がたくさん出《で》ているものが新鮮《しんせん》でおいしいといわれます。ただ、このポリフェノールの液《えき》は時間《じかん》が経過《けいか》すると酸化《さんか》して赤《あか》く変色《へんしょく》するので、切《き》り口《くち》がピンク色《いろ》のものは、収穫《しゅうかく》されてから時間《じかん》がたっていると判断《はんだん》しましょう。

産地《さんち》によって条件《じょうけん》が異《こと》なるため、旬《しゅん》の時期《じき》が違《ちが》います。長野県《ながのけん》は5～10月《がつ》、茨城県《いばらきけん》は9～12月《がつ》など、旬《しゅん》の産地《さんち》で採《と》れたものを選《えら》ぶと、鮮度《せんど》の高《たか》いものをおいしく食《た》べられます。

店員《てんいん》のヒトコト

芯《しん》を取《と》り除《のぞ》くか、芯《しん》につまようじを刺《さ》せば長《なが》持《も》ちするよ!

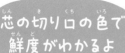

26 アスパラガスは オスのほうが 歯《は》ごたえがあり、 メスはややわらかい

穂先《ほさき》がふっくら!
おいしいメガネ
オス
メス
食《た》べくらべてね
切《き》り口《くち》がみずみずしく湿《しめ》っている!

野菜《やさい》博士《はかせ》への道《みち》

南《みなみ》ヨーロッパが原産《げんさん》で、紀元前《きげんぜん》から栽培《さいばい》されていました。日本《にっぽん》で食《た》べられ始《はじ》めたのは大正時代《たいしょうじだい》です。アスパラガスから発見《はっけん》されたアミノ酸《さん》の一種《いっしゅ》アスパラギン酸《さん》は疲労回《ひろうかい》復効果《ふくこうか》やスタミナ増強効果《ぞうきょうこうか》があります。体《からだ》を元気《げんき》にする効果《こうか》は栄養《えいよう》ドリンクに使《つか》われるほどです。

生産地《せいさんち》TOP3

1位《い》 北海道《ほっかいどう》 12.5%
2位《い》 佐賀《さが》 10.6%
3位《い》 熊本《くまもと》 7.9%

オスとメスの見分《みわ》け ポイントは穂先《ほさき》の締《し》まり方《かた》

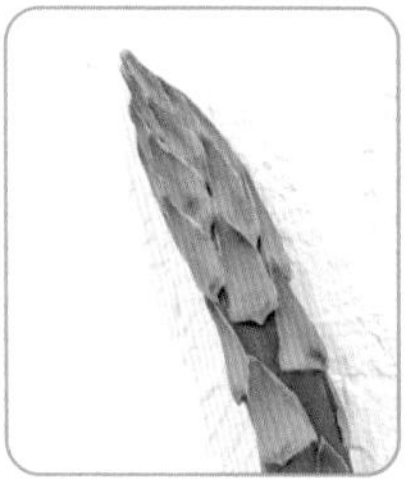

穂《ほ》先《さき》の締《し》まりがゆるいものが**オス**

穂《ほ》先《さき》が締《し》まっているものが**メス**

比《くら》べてみよう!

アスパラガスは鮮度《せんど》が命《いのち》の野菜《やさい》といっても過言《かごん》ではありません。アスパラガスは穂先《ほさき》からいたみやすくとろけてきます。穂先《ほさき》がしっかりとしたものを選《えら》びましょう。収穫《しゅうかく》して時《じ》間《かん》がたつと切《き》り口《くち》が乾燥《かんそう》して白《しろ》っぽくなってきます。切《き》り口《くち》がみずみずしいかどうかも鮮度《せんど》を確認《かくにん》するポイントのひとつです。全体的《ぜんたいてき》にしなびていないかも確認《かくにん》しましょう。

アスパラガスはメスのほうがやわらかく一般的《いっぱんてき》においしいといわれますが、オスはしっかりとした歯《は》ごたえがあります。好《この》みで選《えら》んでも良《よ》いでしょう。また、一般的《いっぱんてき》には太《ふと》いものがおいしいのですが、細《ほそ》くておいしい品種《ひんしゅ》もあります。

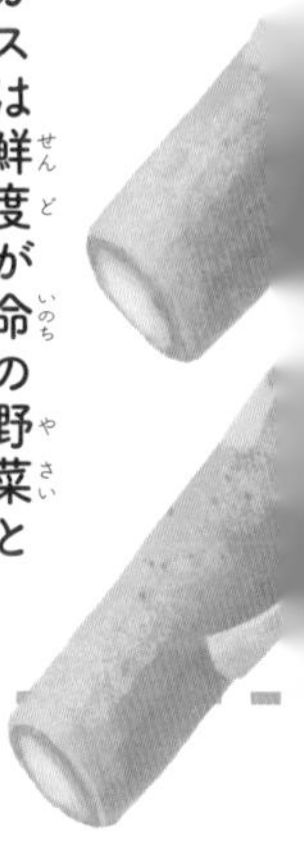

店員《てんいん》のヒトコト

ゆでるときは皮《かわ》ごとゆでよう! 風味《ふうみ》が増《ま》しておいしいよ!

旬《しゅん》の目安《めやす》 1月 2月 **3月 4月 5月** 6月 7月 8月 9月 10月 11月 12月

おいしい!

27

ニラは葉《は》の幅《はば》が広《ひろ》いものがおいしい

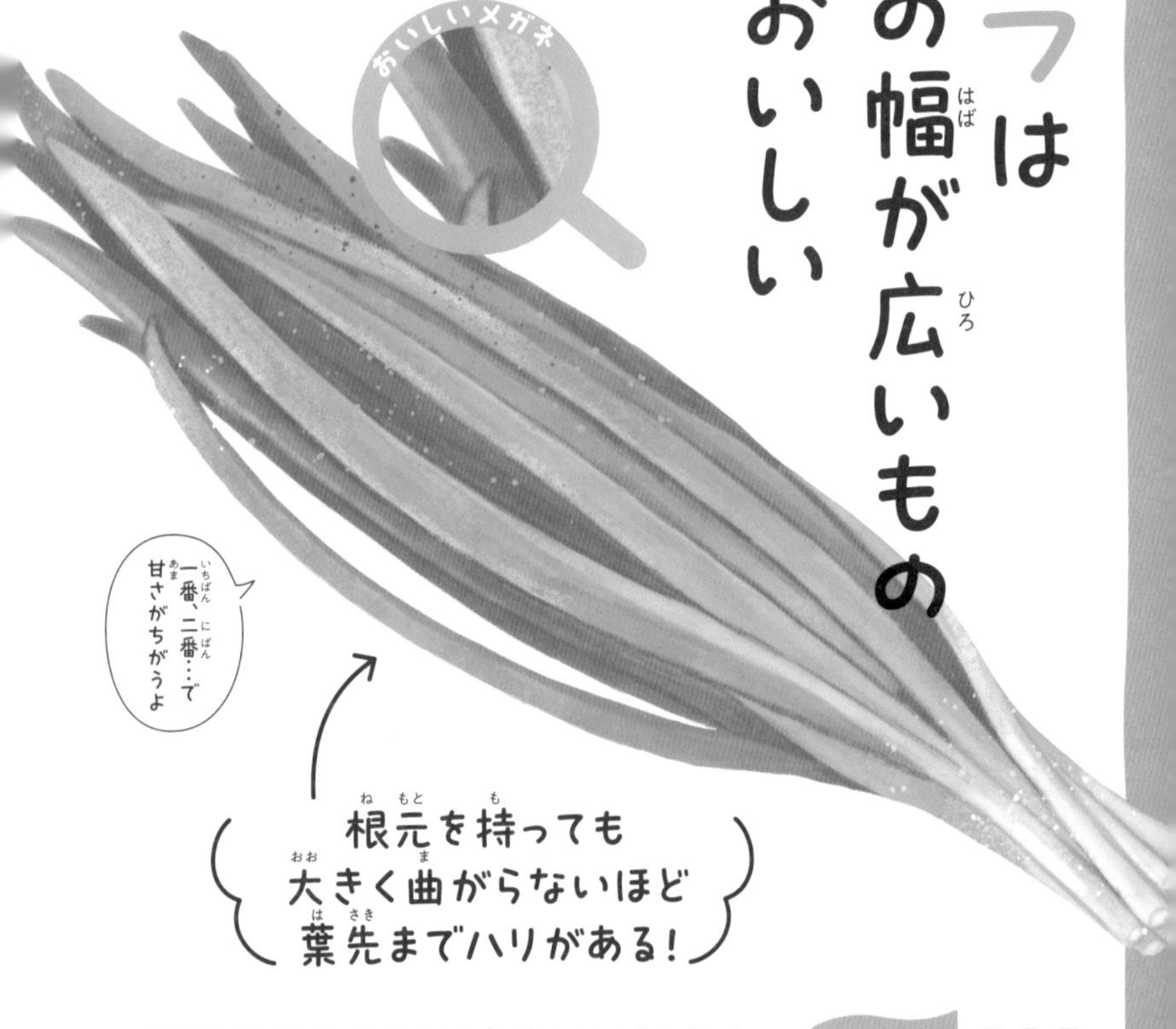

葉《は》の幅《はば》が広《ひろ》くて、
厚《あつ》みがある!
おいしいメガネ
一番《いちばん》、二番《にばん》…で
甘《あま》さがちがうよ
根元《ねもと》を持《も》っても
大《おお》きく曲《ま》がらないほど
葉先《はさき》までハリがある!

野菜博士《やさいはかせ》への道《みち》

東《ひがし》アジア原産《げんさん》とされ、日本《にっぽん》でも古代《こだい》から利用《りよう》されていました。β《ベータ》-カロテンがたっぷりでビタミンやミネラルも豊富《ほうふ》です。ニラ独特《どくとく》の匂《にお》い成分《せいぶん》はアリシン（硫化《りゅうか》アリル）で、疲労回復効果《ひろうかいふくこうか》のあるビタミンB《ビー》1の吸収《きゅうしゅう》を助《たす》ける働《はたら》きがあり、その両方《りょうほう》を多《おお》く含《ふく》むニラは疲《つか》れているときには最適《さいてき》です。

生産地《せいさんち》TOP3

1位《い》	高知《こうち》	24.9%
2位《い》	栃木《とちぎ》	18.7%
3位《い》	茨城《いばらき》	13.3%

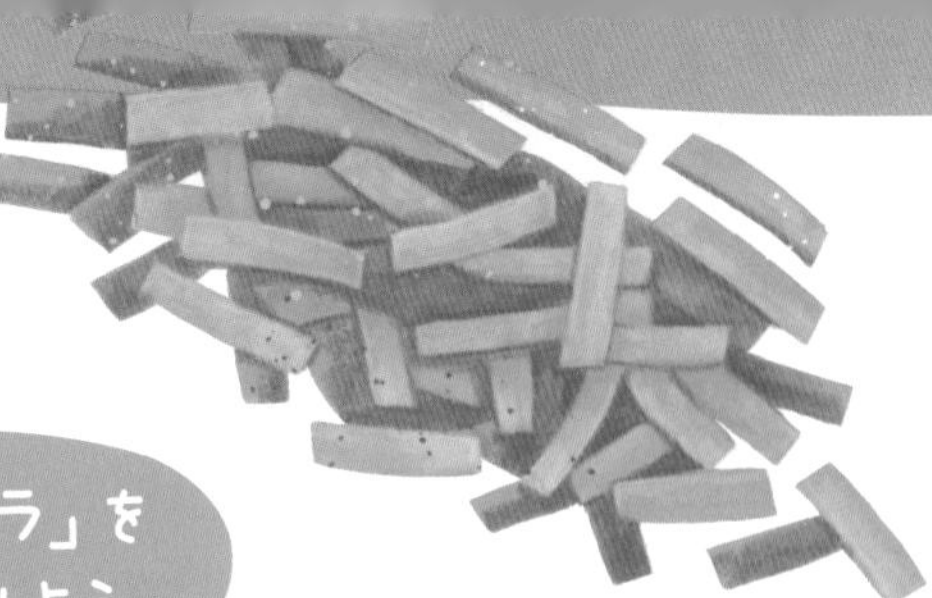

「一番《いちばん》ニラ」を探《さが》してみよう

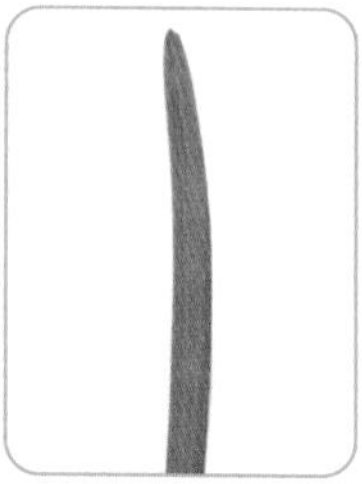

幅《はば》が1cm以上《いじょう》のものは「一番《いちばん》ニラ」の可《か》能《のう》性《せい》大《だい》

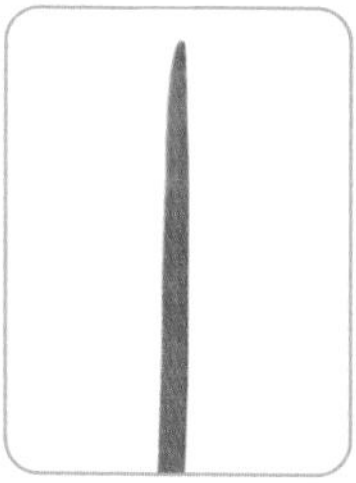

幅《はば》が細《ほそ》いものは「一《いち》番《ばん》ニラ」以外《いがい》かも?

比《くら》べてみよう!

ニラは収穫《しゅうかく》された順番《じゅんばん》により、一《いち》番《ばん》〜九番《きゅうばん》と規格《きかく》がつけられています。なんと「一番《いちばん》ニラ」の糖度《とうど》は8以上《いじょう》といわれ、別格《べっかく》のおいしさです。茎《くき》の一番太《いちばんふと》い部分《ぶぶん》が1cmを超《こ》えると「一番《いちばん》ニラ」の可能性《かのうせい》が高《たか》くなります。一円玉《いちえんだま》の半径《はんけい》が約《やく》1cmなので、お店《みせ》で比《くら》べるときの参考《さんこう》にしてください。

ニラに限《かぎ》らず葉物野菜《はものやさい》は鮮度《せんど》が落《お》ちてくると黄色《きいろ》く変色《へんしょく》してきます。切《き》り口《くち》がみずみずしいものは収穫《しゅうかく》から時間《じかん》がたっていない新鮮《しんせん》な証拠《しょうこ》です。

鮮度《せんど》の良《よ》いニラはハリがあり根元《ねもと》から持《も》ってもほとんど曲《ま》がりませんが、時間《じかん》が経過《けいか》するとふにゃふにゃしてきます。葉先《はさき》までハリがあり、ピンとしているニラを選《えら》びましょう。

店員《てんいん》のヒトコト

茎《くき》を捨《す》てないで! ニラは根《ね》に近《ちか》いほど甘《あま》く、茎《くき》の糖度《とうど》は葉《は》の約《やく》2倍《ばい》!

旬《しゅん》の目安《めやす》 1月 2月 3月 4月 5月 6月 7月 8月 9月 10月 11月 12月

おいしい! おいしい!

28

セロリは茎《くき》が太《ふと》いものがやわらかくて甘《あま》い

葉《は》先《さき》までピンとしている!
おいしいメガネ
もっと知《し》ってほしい!
茎《くき》が太《ふと》くて白《しろ》い!

野《や》菜《さい》博《はか》士《せ》への道《みち》

紀元前《きげんぜん》からヨーロッパで薬《くすり》や香料《こうりょう》として使《つか》われていました。戦国《せんごく》武将《ぶしょう》加藤《かとう》清正《きよまさ》が朝鮮出兵《ちょうせんしゅっぺい》の際《さい》に持《も》ち帰《かえ》ったという説《せつ》があり、「清正《きよまさ》ニンジン」の別名《べつめい》があります。独特《どくとく》の香《かお》りに含《ふく》まれるのはアピインという成分《せいぶん》で、イライラをしずめ、不眠《ふみん》や頭痛《ずつう》を和《やわ》らげる効果《こうか》が期待《きたい》できます。

生産地《せいさんち》TOP3

1位《い》 長野《ながの》 43.8%
2位《い》 静岡《しずおか》 16.5%
3位《い》 福岡《ふくおか》 8.2%

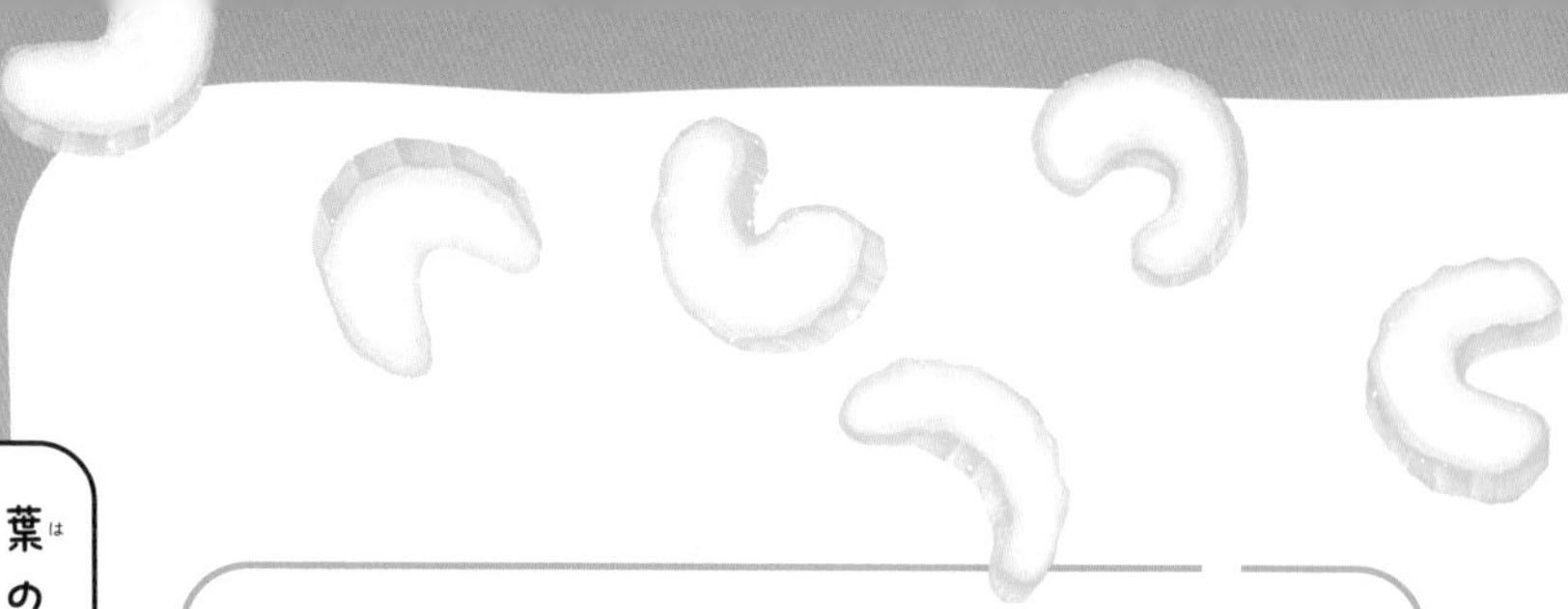

セロリがキライな人《ひと》はいるかな？

セロリがキライという人《ひと》はいませんか？　セロリをはじめ、パセリや春菊《しゅんぎく》も苦手《にがて》とする人《ひと》が多《おお》いようです。これらは味《あじ》というよりも、独特《どくとく》の匂《にお》いがイヤで食《た》べる気持《きも》ちをなくしてしまうのかもしれません。

セロリはスティック状《じょう》にしたりサラダに入《い》れて生《なま》で食《た》べることが多《おお》い野菜《やさい》ですが、加熱《かねつ》することで匂《にお》いを気《き》にせずに食《た》べやすくなります。刻《きざ》んでスープに入《い》れたり、細《こま》かくきって炒《いた》めたりして、苦手《にがて》な野菜《やさい》を好《す》きな野菜《やさい》にできるといいですね！

セロリは茎《くき》が太《ふと》くて白《しろ》いものが、やわらかくて甘《あま》みが強《つよ》くなります。筋《すじ》ばっていなくて、肉厚《にくあつ》のものを選《えら》びましょう。どの葉物《はもの》野菜《やさい》も同《おな》じですが、葉先《はさき》までピンとハリがあるものは鮮度《せんど》がいいのでおすすめです。

セロリは鮮度《せんど》が落《お》ちると葉《は》が黄色《きいろ》く変色《へんしょく》していき、味《あじ》も悪《わる》くなります。葉《は》の色《いろ》が鮮《あざ》やかな緑色《みどりいろ》のものを選《えら》びましょう。

茎《くき》の切《き》り口《くち》もチェックが必要《ひつよう》です。切《き》り口《くち》が白《しろ》いものは収穫《しゅうかく》後《ご》時間《じかん》が経過《けいか》していない証拠《しょうこ》。変色《へんしょく》しているものやス*が入《はい》っているものは避《さ》けましょう。

*スは、中身《なかみ》に穴《あな》やすき間《ま》ができた、スカスカになっている状態《じょうたい》のこと。

店員《てんいん》のヒトコト

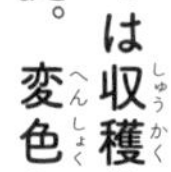

かたい筋《すじ》は、加熱《かねつ》してもやわらかくならないから、調理前《ちょうりまえ》に取《と》りのぞいて！

旬《しゅん》の目安《めやす》　1月 2月 3月 4月 5月 6月 7月 8月 9月 10月 11月 12月

新《しん》タマネギ おいしい！

タマネギ おいしい！

29

タマネギは頭《あたま》を軽《かる》く押《お》してかたいものが鮮《せん》度《ど》バツグン

ずっしり重《おも》く、かたく締《し》まっている！

キズがなくて、皮《かわ》が乾《かん》燥《そう》している！

野菜《やさい》博士《はかせ》への道《みち》

原産地《げんさんち》は西《にし》アジアなどと考《かんが》えられていますが、最《もっと》も古《ふる》くから栽培《さいばい》されていた野菜《やさい》の一《ひと》つです。日本《にっぽん》では明治時代《めいじじだい》から栽培《さいばい》されるようになりました。タマネギを切《き》ったときに涙《なみだ》が出《で》る原因《げんいん》でもあるアリシン（硫化《りゅうか》アリル）という刺激成分《しげきせいぶん》は、血液《けつえき》をサラサラにする効果《こうか》が期待《きたい》できます。

生産地《せいさんち》TOP3

1位《い》	北海道《ほっかいどう》	63.1%
2位《い》	佐賀《さが》	10.4%
3位《い》	兵庫《ひょうご》	7.5%

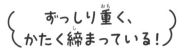

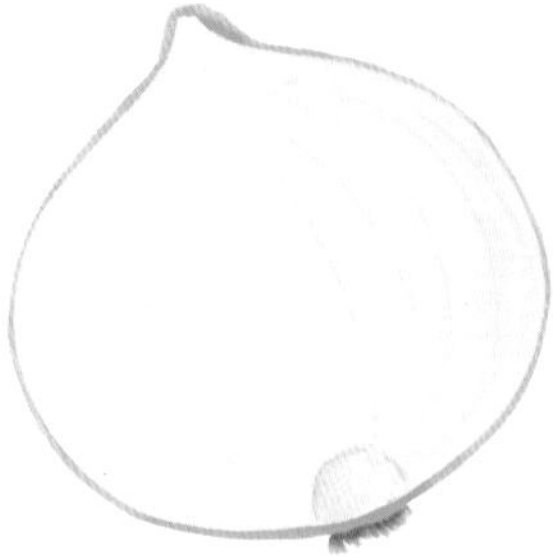

葉《は》の野《や》菜《さい》

おいしい新《しん》タマネギは こう見分《みわ》ける!

根《ね》が出《で》すぎているものや芽《め》が伸《の》びているものは**避《さ》ける**

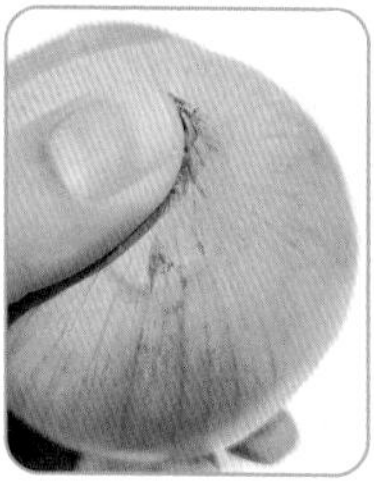

ずっしりと重《おも》くて、皮《かわ》にツヤがあるものを**選《えら》ぶ**

比《くら》べてみよう!

きれいな球体《きゅうたい》でずっしり重《おも》く、かたく締《し》まっているタマネギはみずみずしくておいしいです。軽《かる》いものはいたんでいて中《なか》が空洞《くうどう》になっている可能性《かのうせい》があります。頭《あたま》の部分《ぶぶん》をさわってみて、やわらかくなっているものは腐《くさ》っている場合《ばあい》が多《おお》いので避《さ》けましょう。

根《ね》や芽《め》が出《で》すぎているものは育《そだ》ちすぎて味《あじ》が落《お》ちているので、この点《てん》も注《ちゅう》意《い》してください。

タマネギは保存《ほぞん》がきくように乾燥《かんそう》させてから出荷《しゅっか》されるので、しっかり皮《かわ》が乾《かわ》いているものを選《えら》びましょう。

新《しん》タマネギは水分《すいぶん》が多《おお》くやわらかくて、からみは弱《よわ》く甘《あま》みが強《つよ》いので、生《なま》食《しょく》に向《む》きます。

店員《てんいん》のヒトコト

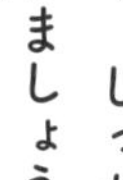

薄切《うすぎ》りやみじん切《ぎ》りなどにして、15分《ふん》空気《くうき》にさらすと栄養価《えいようか》がアップする!

旬《しゅん》の目安《めやす》 1月 2月 3月 4月 5月 6月 7月 8月 9月 10月 11月 12月

おいしい！ おいしい！

30

ブロッコリーは黄《き》色《いろ》っぽいものを選《えら》ばない！

黄《き》色《いろ》い花《はな》が咲《さ》いていない！

ツボミが密集《みっしゅう》して締まっている！

野菜《やさい》博士《はかせ》への道《みち》

ブロッコリーは、地中海沿岸《ちちゅうかいえんがん》で野生《やせい》のキャベツから改良《かいりょう》されてできたといわれています。明治時代《めいじじだい》に日本《にっぽん》に伝《つた》わりましたが、広《ひろ》く食《た》べられるようになったのは近年《きんねん》です。β《ベータ》-カロテンとビタミンC《シー》やビタミンB《ビー》群《ぐん》が豊富《ほうふ》です。野菜《やさい》の中《なか》でもタンパク質《しつ》の量《りょう》はトップクラスです。

生産地《せいさんち》TOP3

1位《い》	北海道《ほっかいどう》	15.8%
2位《い》	愛知《あいち》	9.3%
3位《い》	香川《かがわ》	9.1%

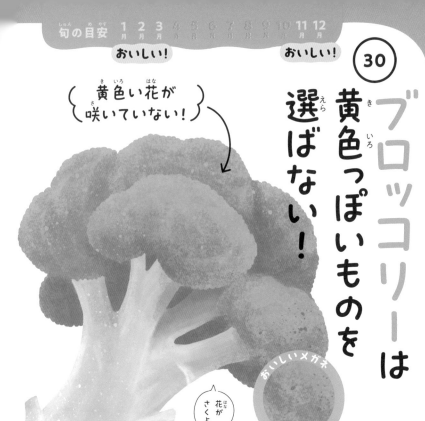

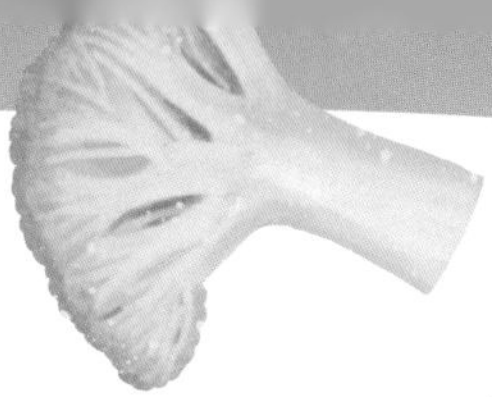

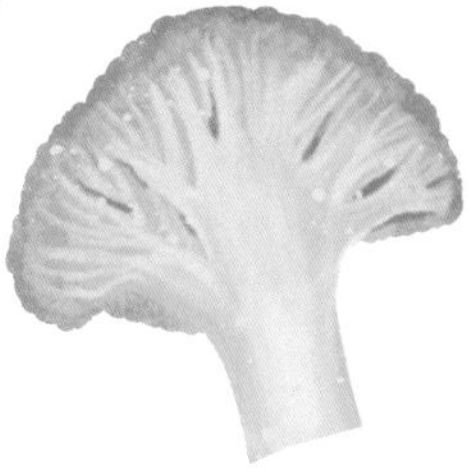

新鮮《しんせん》なブロッコリーは濃《こ》い緑色《みどりいろ》

時間《じかん》がたっている

黄色《きいろ》っぽいものはお店《みせ》に並《なら》んでから

新鮮《しんせん》

緑色《みどりいろ》が濃《こ》いものは

比《くら》べてみよう!

私《わたし》たちが食《た》べているのは、ブロッコリーの花《はな》のツボミのかたまりと茎《くき》の部分《ぶぶん》です。全体的《ぜんたいてき》に緑色《みどりいろ》で、ツボミがかたく締《し》まっていて密集《みっしゅう》しているものを選《えら》びましょう。ツボミが開《ひら》いて黄色《きいろ》い花《はな》が咲《さ》いているもの、咲《さ》きかけのものは収穫《しゅうかく》から時間《じかん》がたっていて味《あじ》が落《お》ちるので避《さ》けます。

茎《くき》の切《き》り口《くち》が茶色《ちゃいろ》く変色《へんしょく》しているものはカットしてから時間《じかん》がたって、いたみ始《はじ》めています。

また、茎《くき》の切《き》り口《くち》に穴《あな》が空《あ》いてス＊が入《はい》っているものはかたくて筋《すじ》っぽく、舌《した》ざわりが悪《わる》く、味《あじ》もよくありません。切《き》り口《くち》が中心《ちゅうしん》までみずみずしいブロッコリーは鮮度《せんど》がいいので、茎《くき》もよく見《み》て買《か》いましょう。

＊スは、中身《なかみ》に穴《あな》やすき間《ま》ができた、スカスカになっている状態《じょうたい》のこと。

店員《てんいん》のヒトコト

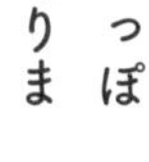

冬《ふゆ》のブロッコリーは紫色《むらさきいろ》のものが甘《あま》い!

＊品種《ひんしゅ》によっては紫色《むらさきいろ》にならないものもあります

コラム③

売《う》れ残《のこ》り（食品《しょくひん》ロス）を増《ふ》やさないために

　商品《しょうひん》が売《う》れ残《のこ》らないようにするには、売《う》れる量《りょう》を把握《はあく》して、必《ひつ》要《よう》な量《りょう》だけ仕入《しい》れ、適切《てきせつ》な量《りょう》を売《う》り場《ば》に出《だ》すのがいちばん大事《だいじ》です。

　仕入《しい》れの量《りょう》が少《すく》なすぎると欠品《けっぴん》（売《う》り切《き》れ）になりお客《きゃく》さんに迷惑《めいわく》がかかりますし、多《おお》すぎると売《う》れ残《のこ》って在庫《ざいこ》が増《ふ》え廃棄《はいき》しなければならなくなります。「発注《はっちゅう》を制《せい》するものはスーパーの仕事《しごと》を制《せい》する」と言《い》っても過言《かごん》ではありません。

　売《う》れ残《のこ》りを出《だ》さないためには、目立《めだ》つ場所《ばしょ》に移《うつ》したり（場所《ばしょ》を変《か》える）、大袋《おおぶくろ》ならバラしてみたり（売《う》り方《かた》を変《か》える）、それでも厳《きび》しそうな場合《ばあい》は値段《ねだん》を下《さ》げるといった工夫《くふう》をしています。

　廃棄《はいき》は、スーパーにとって損《そん》になるだけでなく、食品《しょくひん》ロスを増《ふ》やすことにもなり、社会的《しゃかいてき》にも望《のぞ》ましくないことです。青果部《せいかぶ》における廃棄処分《はいきしょぶん》の割合《わりあい》はお店《みせ》にもよりますが、僕《ぼく》のスーパーの場《ば》合《あい》だと仕入《しい》れ全体《ぜんたい》の１～５％くらいです。

　ちなみに、売《う》り場《ば》には出《だ》せないけどまだ食《た》べられる野菜《やさい》は、「こ

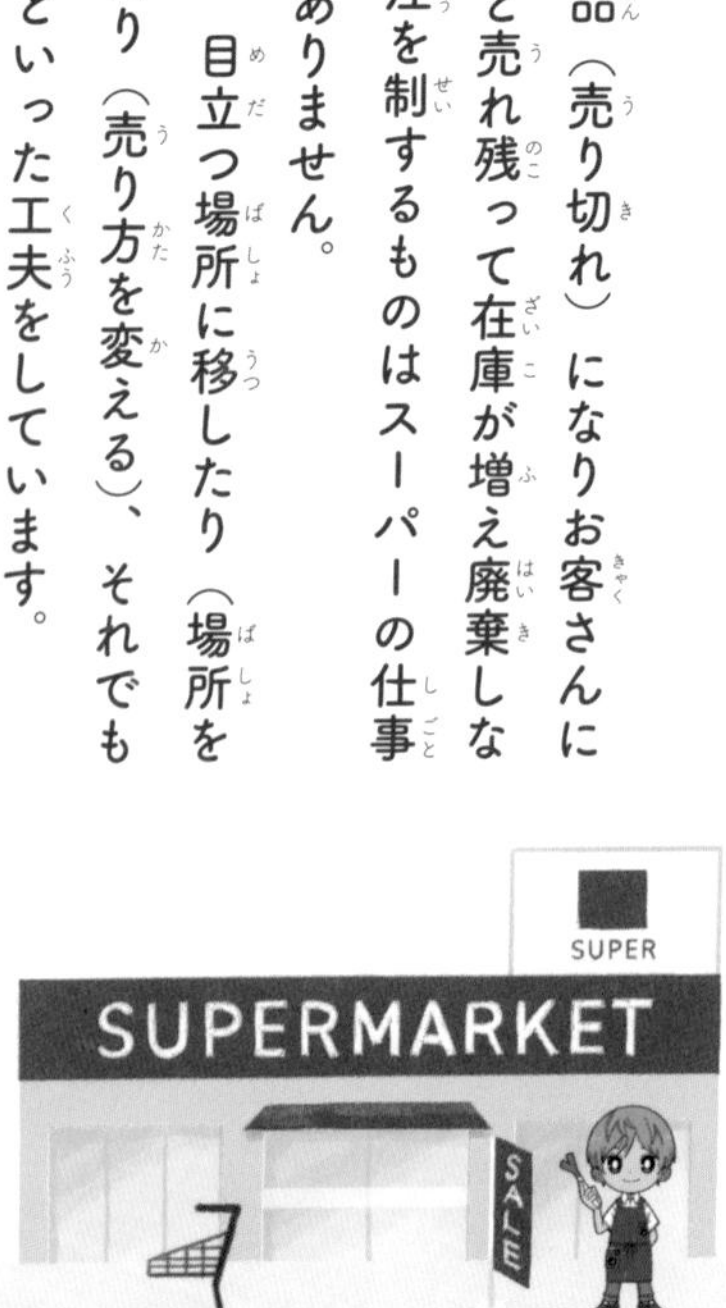

ある日《ひ》お店《みせ》に届《とど》いたのは……
カリフラワー100個《こ》!?
どーーん
どうやらブロッコリーとまちがえて注文《ちゅうもん》してしまったらしい…
ブロッコリー100個《こ》と……
□注文
☑注文
大《だい》ピンチ!
おいしいけど…
実《じつ》はカリフラワーは一日《いちにち》に1〜2個《こ》しか売《う》れない
でも、陳列《ちんれつ》を工夫《くふう》してすべてを売《う》り切った!!
どーん
おいしい!!
カリフラワー

スーパーあるある

ども食堂《しょくどう》」や「フードバンク」などに寄付《きふ》する取《と》り組《く》みをしているスーパーもあります。

4章《しょう》 くだもの

イチゴやメロン、
スイカは
「果《か》実《じつ》的《てき》野《や》菜《さい》」ですが
くだものとして
入《い》れています

31

イチゴはつぶつぶまで赤《あか》いほうがおいしい

野《や》菜《さい》博《はか》士《せ》への道《みち》

原産地《げんさんち》はアメリカといわれていて、コロンブスのアメリカ大陸発見後《たいりくはっけんご》にヨーロッパへ伝《つた》わり、江戸時代《えどじだい》にはオランダ人《じん》によって日本《にっぽん》にもたらされました。果物《くだもの》の中《なか》でも特《とく》にビタミンC《シー》の量《りょう》が多《おお》く、そのほか葉酸《ようさん》、食物繊維《しょくもつせんい》がたっぷり含《ふく》まれていて、風邪《かぜ》の予防《よぼう》に効果《こうか》があるとされています。

生産地《せいさんち》TOP3

1位《い》 栃木《とちぎ》 15.4%
2位《い》 福岡《ふくおか》 10.1%
3位《い》 熊本《くまもと》 7.6%

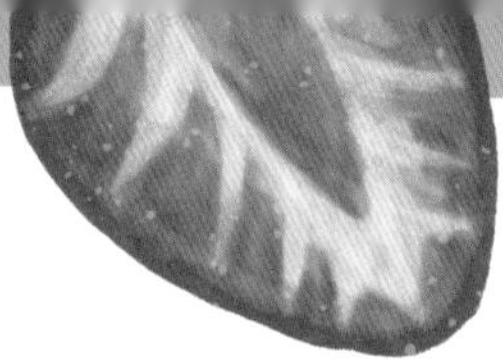

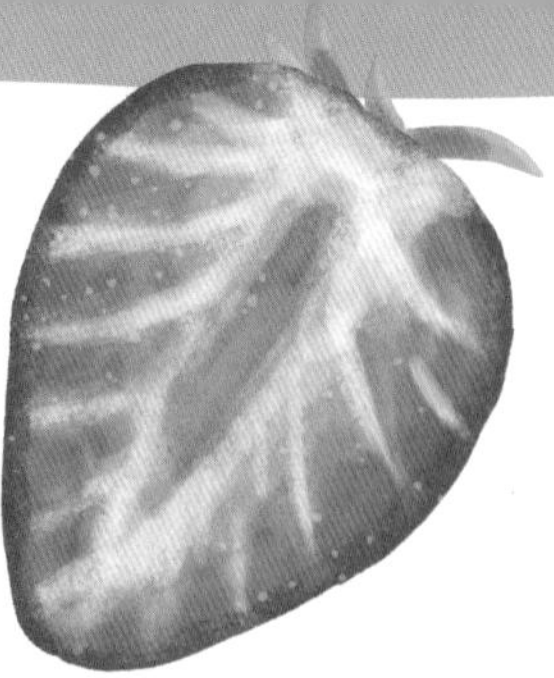

じつは、つぶつぶの部分《ぶぶん》が
「果実《かじつ》」で赤《あか》い部分《ぶぶん》は
「花托《かたく》」というよ

つぶつぶが**緑色《みどりいろ》のもの**

つぶつぶが赤《あか》いもののほうが**おいしい**

比《くら》べてみよう!

イチゴは粒《つぶ》の大《おお》きいものが甘《あま》くなります。そのうえで、ヘタの近《ちか》くまで赤《あか》くなっているかを見《み》ましょう。

表面《ひょうめん》にあるつぶつぶもチェックポイントの一《ひと》つです。つぶつぶは緑色《みどりいろ》だったりしますが、赤《あか》くなっているものが熟度《じゅくど》が高《たか》くよりおいしいです。

イチゴはいたむのが早《はや》い果物《くだもの》なので、鮮度《せんど》も大切《たいせつ》です。

日《ひ》にちがたつと先端《せんたん》がやわらかくなってうっすら白《しろ》いカビが生《は》えてきます。先端部分《せんたんぶぶん》をよく見《み》て、カビが生《は》えていないか、透明《とうめい》っぽくなっていないか確認《かくにん》しましょう。

表面《ひょうめん》にツヤがあり、ヘタが濃《こ》い緑色《みどりいろ》でそり返《かえ》っているものは鮮度《せんど》が高《たか》いといえます。

店員《てんいん》のヒトコト

イチゴのパックを裏《うら》からのぞいて
下側《したがわ》のイチゴもチェックしよう!

旬《しゅん》の目安《めやす》 1月 2月 3月 4月 5月 6月 7月 8月 9月 10月 11月 12月

おいしい!

32

リンゴは軸《じく》が太《ふと》いほうがおいしい

おいしいメガネ
軸《じく》が太《ふと》い!
全《ぜん》体《たい》的《てき》に赤《あか》く、
おしりは黄《き》色《いろ》い!
(緑色《みどりいろ》だと酸《さん》味《み》が強《つよ》い)
シャリシャリ

野《や》菜《さい》博《はか》士《せ》への道《みち》

人類《じんるい》が食《た》べた最《もっと》も古《ふる》い果物《くだもの》がリンゴで、その起源《きげん》は8000年前《ねんまえ》(!)とされています。日本《にっぽん》には明《めい》治《じ》時《じ》代《だい》にアメリカから伝《つた》わりました。「1日《にち》1個《こ》のリンゴは医者《いしゃ》いらず」といわれるほど栄養価《えいようか》が高《たか》く、リンゴに含《ふく》まれるポリフェノールには抗《こう》酸《さん》化《か》作《さ》用《よう》や老《ろう》化《か》防《ぼう》止《し》効《こう》果《か》があるとされています。

生《せい》産《さん》地《ち》TOP3

1位《い》	青森《あおもり》	58.4%
2位《い》	長野《ながの》	18.2%
3位《い》	岩手《いわて》	6.5%

軸《じく》の太《ふと》さも見《み》比《くら》べて選《えら》ぼう

比《くら》べてみよう!

軸《じく》が細《ほそ》いものは栄養分《えいようぶん》が少《すく》なめ

軸《じく》が太《ふと》いものは栄養《えいよう》たっぷりで甘《あま》い

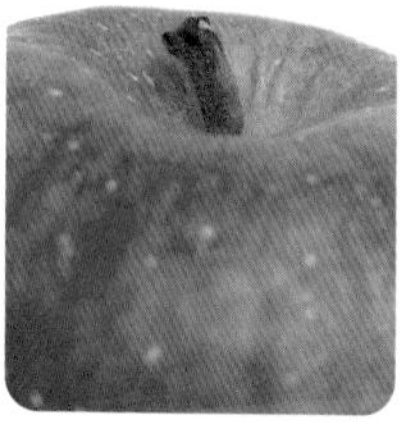

リンゴは大《おお》きいものがよく売《う》れていますが、実《じつ》は大《おお》きすぎるのはそれほどおいしくはありません。36玉《たま》サイズ（約《やく》280g）、32玉《たま》サイズ（約《やく》310g）あたりの一般的《いっぱんてき》なサイズがいちばんおいしいです。

リンゴを選《えら》ぶときに注目《ちゅうもく》してほしいのは軸《じく》の太《ふと》さです。リンゴは軸《じく》から木《き》の栄養分《えいようぶん》をとっていますので、軸《じく》の太《ふと》いもののほうが生育《せいいく》が良《よ》くなり、甘《あま》くておいしいリンゴになります。

見《み》た目《め》としては、全体的《ぜんたいてき》に赤《あか》くておしりが黄色《きいろ》い、左右対称《さゆうたいしょう》のきれいな形《かたち》のものを選《えら》びましょう。青《あお》リンゴは色《いろ》が黄色《きいろ》みがかっているほうが熟《じゅく》していて、酸味《さんみ》が少《すく》なく甘《あま》さを感《かん》じることができます。

店員《てんいん》のヒトコト

「葉《は》とらずりんご」は見《み》た目《め》がよくなくてもおいしいよ!

旬《しゅん》の目安《めやす》 1月 2月 3月 4月 5月 6月 7月 8月 9月 10月 11月 12月

おいしい! おいしい!

33

ミカンは軸《じく》が細《ほそ》いほうがおいしい

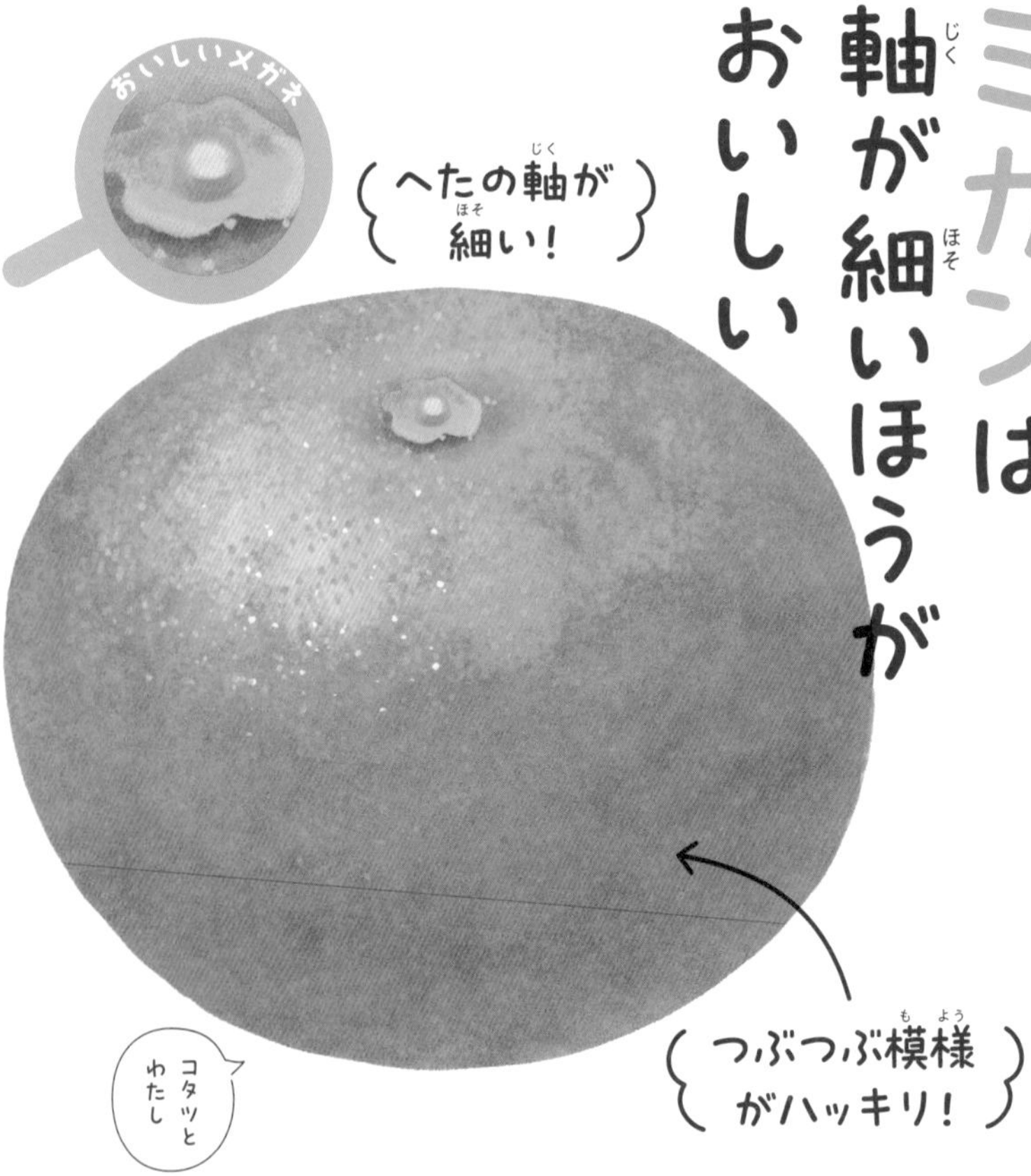

おいしいメガネ
へたの軸《じく》が細《ほそ》い!
つぶつぶ模様《もよう》がハッキリ!
コタツとわたし

野菜博士《やさいはかせ》への道《みち》

私《わたし》たちが「ミカン」とよぶのは「温州《うんしゅう》ミカン」という日本独自《にっぽんどくじ》の品種《ひんしゅ》です。ビタミンC《シー》のほかにβ《ベータ》-カロテンやクエン酸《さん》が豊富《ほうふ》で、疲労回復《ひろうかいふく》・風邪予防《かぜよぼう》・美肌効果《びはだこうか》が期待《きたい》されます。袋《ふくろ》や筋《すじ》にも栄養素《えいようそ》が含《ふく》まれていて、ビタミンC《シー》の吸収率《きゅうしゅうりつ》を高《たか》めてくれます。

生産地《せいさんち》 TOP3

1位《い》 和歌山《わかやま》 21.0%
2位《い》 愛媛《えひめ》 16.8%
3位《い》 静岡《しずおか》 11.5%

つぶつぶにも
注目《ちゅうもく》しよう

軸《じく》が太《ふと》いものは大味《おおあじ》になりがち

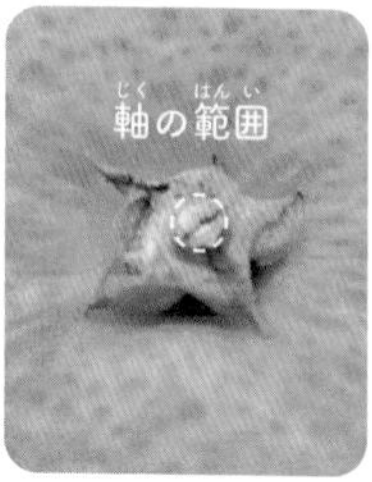

軸《じく》が細《ほそ》いものは甘《あま》くて味《あじ》がしっかりしている

比《くら》べてみよう！

ミカンはまず小《ちい》さいものがおいしいです。同《おな》じ品種《ひんしゅ》でS《エス》・M《エム》・L《エル》が置《お》いてあったらS《エス》を買《か》いましょう。L《エル》はおすすめしません。ミカンは生育《せいいく》中《ちゅう》の小《ちい》さいサイズのときに糖度《とうど》が決《き》まります。そのあと軸《じく》から水分《すいぶん》などが送《おく》り込《こ》まれて大《おお》きく成長《せいちょう》します。軸《じく》が太《ふと》いと水分《すいぶん》が多く送《おく》り込《こ》まれて大味《おおあじ》になりやすいです。軸《じく》が細《ほそ》いもののほうが小《こ》ぶりで、味《あじ》が濃《こ》くておいしいのです。

ミカンにふれられるのであれば手《て》に取《と》ってみましょう。大《おお》きさのわりに重《おも》みがあるもの、皮《かわ》が薄《うす》いものがおいしいミカンです。

皮《かわ》の薄《うす》さを見分《みわ》けるのは初《はじ》めは難《むずか》しいのですが、注意《ちゅうい》しているとわかるようになるかもしれません。

店員《てんいん》の
ヒトコト

早《はや》くから出回《でまわ》る早生《わせ》ミカンも
小《ちい》さいものがおいしい！

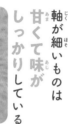

旬《しゅん》の目安《めやす》 1月 2月 3月 4月 5月 6月 7月 8月 9月 10月 11月 12月

一年中《いちねんじゅう》おいしい!

34

バナナは値《ね》段《だん》が高《たか》いほどおいしい

カーブが大《おお》きい!
おいしいメガネ
すべり台《だい》スイーツ
1本《ぽん》1本《ぽん》が大《おお》きい!

野《や》菜《さい》博《はか》士《せ》への道《みち》

バナナは東南《とうなん》アジアで生《う》まれ、栽培《さいばい》の歴史《れきし》は古《ふる》く、紀元前《きげんぜん》からヨーロッパやアフリカで始《はじ》まっていたとされています。日本《にっぽん》には明治《めいじ》時代《じだい》に入《はい》ってきました。ビタミンB群《ビーぐん》やカリウム、マグネシウムなどのミネラル類《るい》が特《とく》に多《おお》く、食物繊維《しょくもつせんい》も豊富《ほうふ》です。食《た》べるとすぐエネルギーになり、しかも長続《ながつづ》きします。抗酸化力《こうさんかりょく》は果物《くだもの》・野菜《やさい》の中《なか》ではトップクラスで、免疫力《めんえきりょく》を高《たか》める効果《こうか》も期待《きたい》されています。

好《この》みの熟度《じゅくど》はどっちかな?

青《あお》さが残《のこ》るバナナは
さっぱりした甘《あま》さ

茶褐色《ちゃかっしょく》の斑点《はんてん》*が出《で》ているときが
いちばん甘《あま》い

比《くら》べてみよう!

日《にっ》本《ぽん》で売《う》られているバナナはほとんどが「ジャイアント・キャベンディッシュ」という品種《ひんしゅ》です。

バナナは寒暖《かんだん》の差《さ》が大《おお》きい環境《かんきょう》で育《そだ》つと甘《あま》くなりやすいので、高地《こうち》で栽培《さいばい》されたものは甘《あま》く、値段《ねだん》も高《たか》くなっています。

ただ、商品《しょうひん》に標高《ひょうこう》何《なん》メートルと表示《ひょうじ》されているわけではないので、甘《あま》くておいしいバナナは値段《ねだん》が高《たか》い傾向《けいこう》があるといえます。

バナナは1本《ぽん》1本《ぽん》のサイズが大《おお》きくてカーブが大《おお》きいものが甘《あま》くておいしいです。小《ちい》さいもの6本入《ぽんい》りより大《おお》きいもの3本入《ぼんい》りを選《えら》ぶといいでしょう。

*シュガースポットといいます

店員《てんいん》のヒトコト

バナナはラップをして野菜室《やさいしつ》に入《い》れると熟成《じゅくせい》が止《と》まって1カ月《げつ》くらいはもつよ!

※皮《かわ》は黒《くろ》くなりますが、中身《なかみ》は黒《くろ》くなりません。

旬《しゅん》の目安《めやす》 1月 2月 3月 4月 5月 6月 7月 8月 9月 10月 11月 12月

おいしい！

35

モモはうぶ毛《げ》がビッシリ生《は》えているものがおいしい

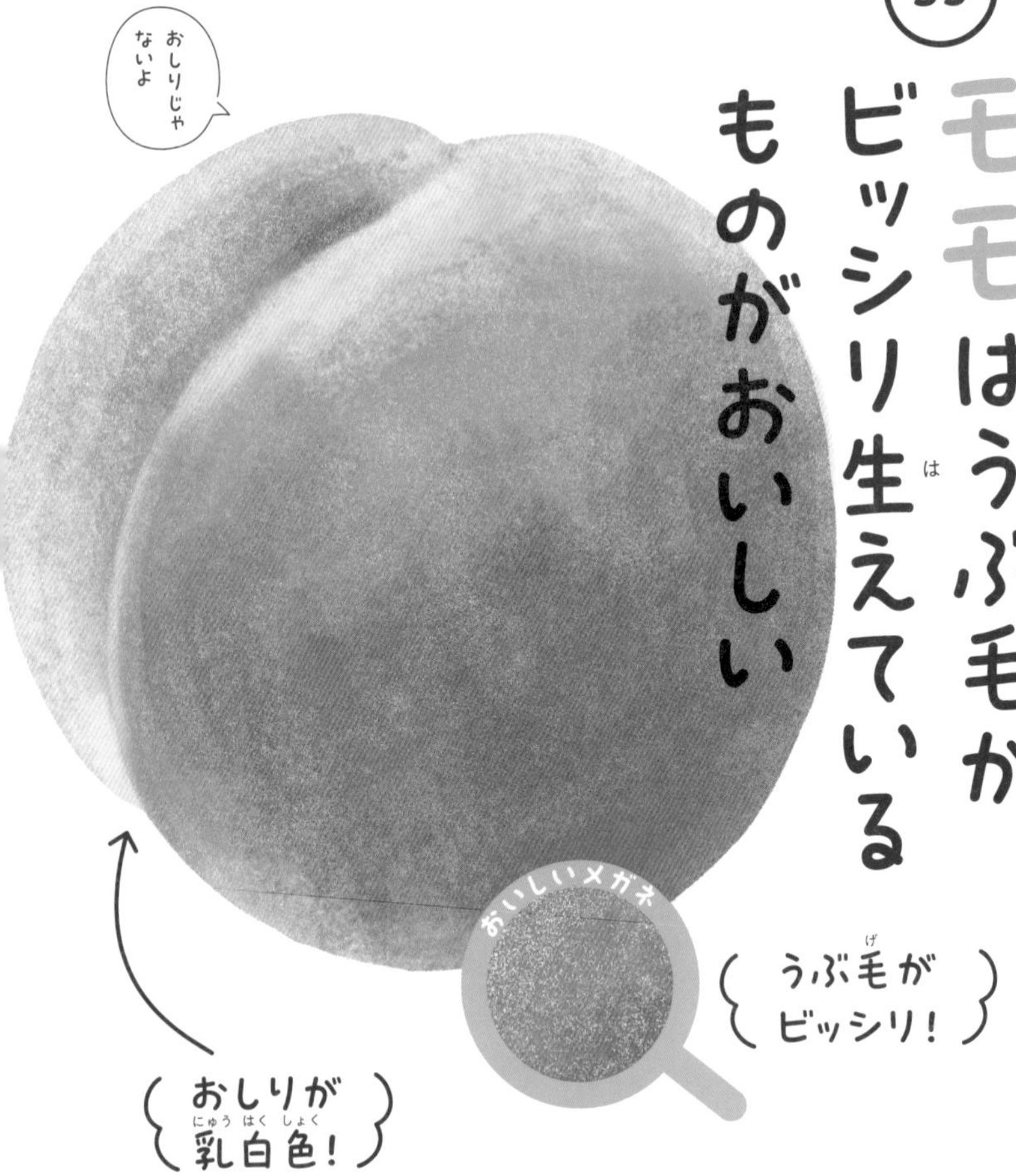
おしりじゃないよ
おいしいメガネ
うぶ毛《げ》がビッシリ！
おしりが乳白色《にゅうはくしょく》！

野菜博士《やさいはかせ》への道《みち》

原産地《げんさんち》は中国《ちゅうごく》と考《かんが》えられています。日本《にっぽん》では弥生時代《やよいじだい》からすでに食《た》べられていたようですが、栽培《さいばい》が広《ひろ》がったのは明治時代《めいじじだい》。モモにはポリフェノールの一種《いっしゅ》であるカテキンも含《ふく》まれていて、がん予防《よぼう》や老化防止《ろうかぼうし》の効果《こうか》が期待《きたい》されます。モモの葉《は》はあせもなどの改善《かいぜん》に効《き》くといわれます。

生産地《せいさんち》TOP3

1位《い》	山梨《やまなし》	28.5%
2位《い》	福島《ふくしま》	25.0%
3位《い》	長野《ながの》	11.1%

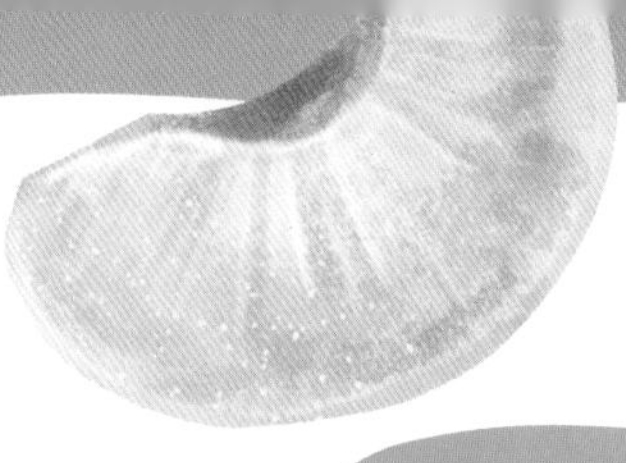

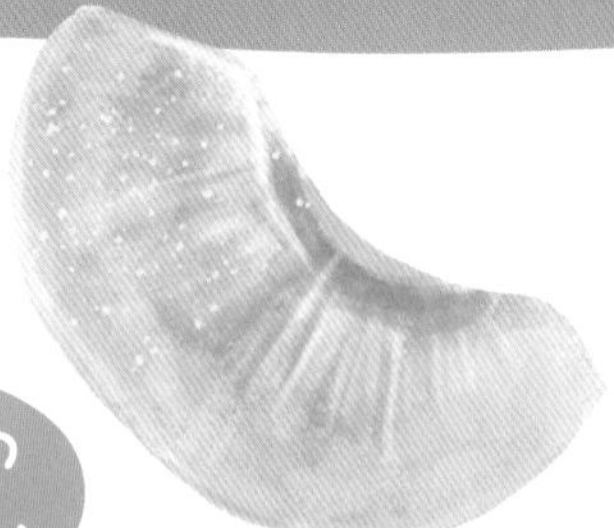

おいしいモモの見分《みわ》け方《かた》の違《ちが》い

赤《あか》いモモ	白《しろ》いモモ
鮮《あざ》やかな赤色《あかいろ》	鮮《あざ》やかなピンク色《いろ》
うぶ毛《げ》がビッシリ	うぶ毛《げ》がしっとりしている
おしりが乳白色《にゅうはくしょく》	お尻《しり》が白《しろ》い
—	皮《かわ》にそばかすのような果点《かてん》が多《おお》い

モモは大《おお》きく分《わ》けて赤桃《あかもも》と白桃《はくとう》の2種類《しゅるい》があります（どちらか1種類《しゅるい》しか売《う》られていない地域《ちいき》もあります）。

全体的《ぜんたいてき》に鮮《あざ》やかな赤色《あかいろ》やピンク色《いろ》のものを選《えら》びましょう。おしりが白《しろ》っぽい桃《もも》のほうが熟《じゅく》していておいしい場合《ばあい》が多《おお》いです。青《あお》っぽいものはまだ熟《う》れていないので食感《しょっかん》もよくなく、避《さ》けたほうがいいです。

色味《いろみ》のほかにはうぶ毛《げ》を見《み》ましょう。うぶ毛《げ》は徐々《じょじょ》になくなっていくものなので、多《おお》いものは鮮度《せんど》が良《よ》いといえます。

匂《にお》いもかいでみましょう。パックごしでも甘《あま》い香《かお》りをしっかり感《かん》じられるものがおいしいです。

店員《てんいん》のヒトコト

モモはやわらかいものが食《た》べごろ。いたみやすいのでお店《みせ》ではさわらないでね!

おいしい!

36

ブドウは軸《じく》が緑《みどり》色《いろ》のものが新《しん》鮮《せん》でおいしい

おいしいメガネ
軸《じく》は緑《みどり》色《いろ》!
皮《かわ》は黄《き》色《いろ》っぽいほうが甘《あま》みが強《つよ》い!
粒《つぶ》が大《おお》きく、密《みっ》集《しゅう》している!

シャインマスカット

野菜《やさい》博士《はかせ》への道《みち》

ブドウは5000年《ねん》ほど前《まえ》から栽培《さいばい》され、現《げん》在《ざい》、世界中《せかいじゅう》で最《もっと》も多《おお》く生産《せいさん》されている果物《くだもの》です。日本《にっぽん》には中国《ちゅうごく》から伝《つた》わったといわれます。日本《にっぽん》では約《やく》9割《わり》が生食用《なましょくよう》なのに対《たい》して、世界《せかい》では約《やく》8割《わり》がワインの原料《げんりょう》として使《つか》われています。糖質《とうしつ》が主《おも》な成分《せいぶん》ですが、ミネラルも含《ふく》んでいます。

生産地《せいさんち》TOP3

1位《い》 山梨《やまなし》 21.4%
2位《い》 長野《ながの》 18.4%
3位《い》 山形《やまがた》 9.5%

比《くら》べてみよう！

黒《くろ》いブドウや赤《あか》いブドウもあるよ

黒《くろ》いブドウ

紫色《むらさきいろ》のものより黒《くろ》っぽいものがおいしい

ナガノパープル

赤《あか》いブドウ

赤《あか》いものより黒《くろ》っぽい赤《あか》のものがおいしい

クイーンニーナ

ブドウは粒《つぶ》の大《おお》きいほうが甘《あま》くておいしいです。粒《つぶ》が大《おお》きいと、重《おも》みでパックの下《した》のほうの粒《つぶ》がつぶれていることがあるので、裏側《うらがわ》を見《み》て確認《かくにん》しましょう。また、房《ふさ》から実《み》が落《お》ちているものは鮮度《せんど》が落《お》ちてきています。軸《じく》は緑色《みどりいろ》のものが新鮮《しんせん》で、茶色《ちゃいろ》く枯《か》れているものは鮮度《せんど》の落《お》ちたものです。

黒《くろ》ブドウは熟《じゅく》してくると色《いろ》が濃《こ》くなり、緑色《みどりいろ》のブドウは黄色《きいろ》っぽくなり甘《あま》みが増《ま》します。ただ、日《ひ》もちがしないので贈《おく》り物《もの》には緑色《みどりいろ》のものが良《よ》いかもしれません。

黒《くろ》いブドウには白《しろ》い粉《こな》のようなもの（ブルーム）がついているものがありますが、農薬《のうやく》でもカビでもなく、鮮度《せんど》の良《よ》い印《しるし》なのでおすすめです。

店員《てんいん》のヒトコト

個人的《こじんてき》おすすめは、シャインマスカット（緑《みどり》）、ナガノパープル（黒《くろ》）、クイーンニーナ（赤《あか》）！

旬《しゅん》の目安《めやす》 1月 2月 3月 4月 5月 6月 7月 8月 9月 10月 11月 12月

一年中《いちねんじゅう》おいしい！

37

パイナップルは おしりがふくれている ものがおいしい

葉《は》は鮮《あざ》やかな緑色《みどりいろ》！
おしりがぷくっ
おいしいメガネ
お尻《しり》がふくれていて、弾力《だんりょく》がある！
皮《かわ》が黄色《きいろ》い！

野菜博士《やさいはかせ》への道《みち》

熱帯《ねったい》アメリカが原産地《げんさんち》とされ、江戸時代《えどじだい》に日本《にっぽん》に入《はい》ってきました。パイナップルを食《た》べると口《くち》の中《なか》がヒリヒリすることがあるのは、ブロメラインというタンパク質《しつ》を分解《ぶんかい》する酵素《こうそ》が舌《した》などの粘膜《ねんまく》を刺激《しげき》することが原因《げんいん》です。一時的《いちじてき》なものなので心配《しんぱい》いりません。

生産地《せいさんち》TOP3

1位《い》 沖縄《おきなわ》 100.0%

皮《かわ》の色《いろ》も
よく見《み》よう

黄色《きいろ》い皮《かわ》は
熟《じゅく》しているサイン

茶色《ちゃいろ》っぽいものは
いたんでいる
可能性《かのうせい》あり

よく見《み》てみよう!

2021年《ねん》から台湾産《たいわんさん》のパイナップルがよく出回《でまわ》るようになりました。

台湾《たいわん》のパイナップルは芯《しん》までおいしく食《た》べられるのでカットの手間《てま》も省《はぶ》け、舌《した》がヒリヒリすることもあまりありません。

葉《は》は鮮《あざ》やかな緑色《みどりいろ》のものが鮮度《せんど》の良《よ》いものです。皮《かわ》が乾燥《かんそう》していないか、黄色《きいろ》いかどうかと合《あ》わせてチェックしましょう。

持《も》ってみてずっしり重《おも》く感《かん》じられたら、それは果汁《かじゅう》たっぷりでジューシーなパイナップルの証拠《しょうこ》です。

おしりがふくれていて弾力《だんりょく》があり、甘《あま》い香《かお》りが強《つよ》いものは完熟状態《かんじゅくじょうたい》の食《た》べごろと考《かんが》えていいでしょう。

店員《てんいん》のヒトコト

カットパインは、黄色《きいろ》が濃《こ》いもののほうが甘《あま》いことが多《おお》いよ!

旬《しゅん》の目安《めやす》 1月 2月 3月 4月 5月 6月 7月 8月 9月 10月 11月 12月

一年中《いちねんじゅう》おいしい!

38

アボカドはヘタが少《すこ》し浮《う》いていて弾力《だんりょく》のあるものが食《た》べごろ

ヘタが浮《う》いている!
色《いろ》をよくみてね
おいしいメガネ
シワがなく、少《すこ》し弾力《だんりょく》がある!
皮《かわ》がチョコレート色《いろ》!

野菜《やさい》博士《はかせ》への道《みち》

熱帯《ねったい》アメリカ原産《げんさん》のアボカドは、豊富《ほうふ》な脂肪分《しぼうぶん》と濃厚《のうこう》でクリーミーな味《あじ》わいから「森《もり》のバター」とも言《い》われる高《こう》カロリー食品《しょくひん》です。国内《こくない》で売《う》られているものは、メキシコ、ニュージーランドなどからの輸入品《ゆにゅうひん》がほとんどです。脂肪分《しぼうぶん》にはリノール酸《さん》やリノレン酸《さん》を含《ふく》み、悪玉《あくだま》コレステロールを抑《おさ》える働《はたら》きがあります。ビタミンやミネラル、食物繊維《しょくもつせんい》も豊富《ほうふ》で、高血圧《こうけつあつ》や脳梗塞《のうこうそく》の予防効果《よぼうこうか》も期待《きたい》できます。

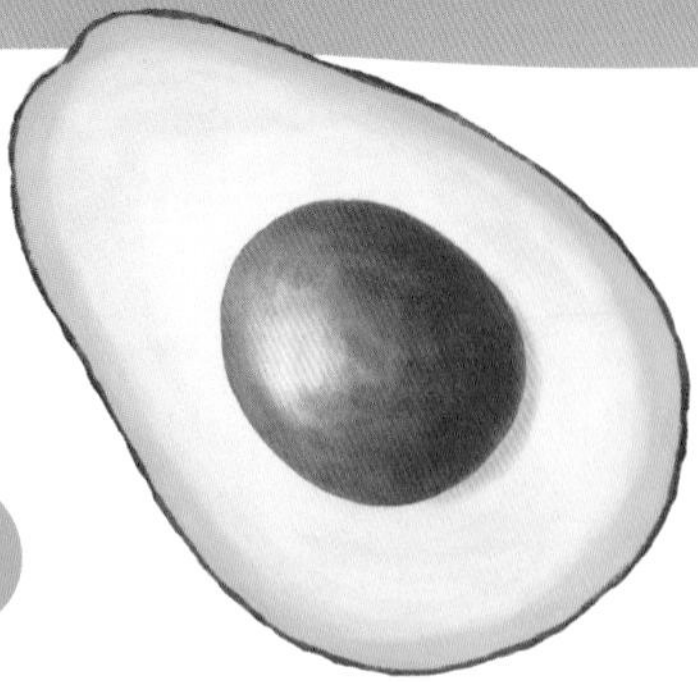

真《ま》っ黒《くろ》なアボカドは避《さ》けよう!

未熟《みじゅく》でかたい

適度《てきど》にやわらかく**食《た》べごろ**

熟《う》れすぎて、**いたんでいる**可能性《かのうせい》あり

比《くら》べてみよう!

アボカドを選《えら》ぶのは難《むずか》しいのですが、ヘタに注意《ちゅうい》して買《か》うとハズレが少《すく》なくなります。

アボカドは収穫《しゅうかく》してから時間《じかん》の経過《けいか》とともに熟《う》れてきて、そのうちヘタが取《と》れてしまいます。

ヘタが取《と》れることも原因《げんいん》の一《ひと》つになって品質《ひんしつ》が悪《わる》くなっていきますが、そのヘタが取《と》れる前《まえ》の少《すこ》し浮《う》いているくらいのときが食《た》べごろです。

皮《かわ》の色《いろ》は黒《くろ》いものが良《よ》いと思《おも》っている人《ひと》が多《おお》いようですが、チョコレート色《いろ》か小豆《あずき》色《いろ》のものがベストです。

あとは少《すこ》し弾力《だんりょく》があるものが良《よ》いのですが、指先《ゆびさき》で強《つよ》く押《お》すとそこからいたんでしまうので、軽《かる》く持《も》ってみた感触《かんしょく》で選《えら》ぶといいでしょう。

店員《てんいん》のヒトコト

アボカドは家《いえ》に置《お》いておくより食《た》べごろのものをお店《みせ》でさがそう!

おいしい！

39

メロンは網《あみ》目《め》が細《こま》かいほうがおいしい

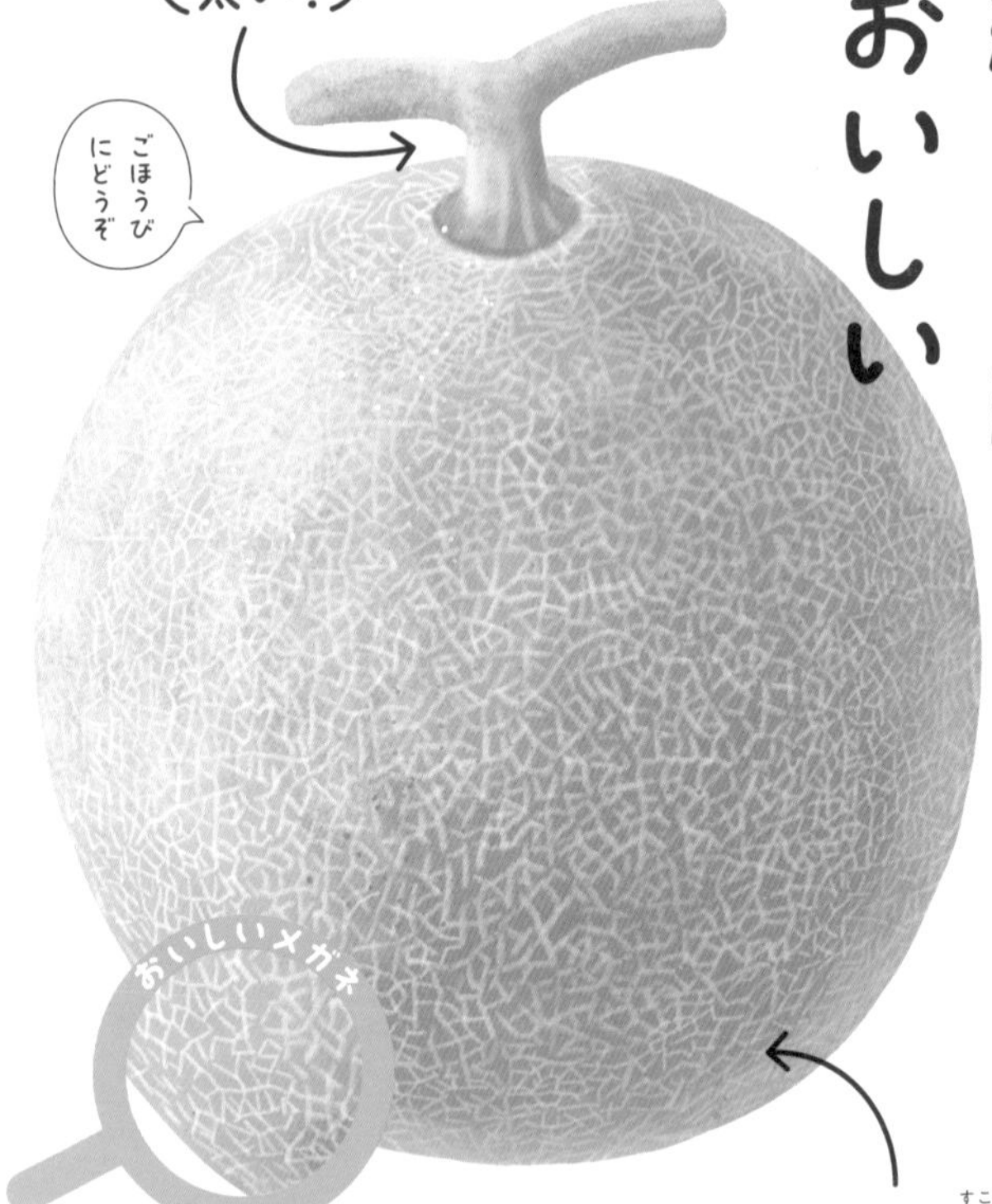
軸《じく》が太《ふと》い！
ごほうびにどうぞ
おいしいメガネ
網目《あみめ》が均一《きんいつ》で細《こま》かい！
おしりに少《すこ》し弾力《だんりょく》がある！

野《や》菜《さい》博《はか》士《せ》への道《みち》

網目《あみめ》のある西洋系《せいようけい》メロンは明治時代《めいじじだい》に日本《にっぽん》に伝《つた》わりました。メロンの網目《あみめ》は、果肉《かにく》が皮《かわ》より大《おお》きくなろうとしたときにひび割《わ》れて、それをふさごうとしてできたかさぶたのようなものです。果肉《かにく》が甘《あま》くてジューシーですが、バナナやリンゴより低糖質《ていとうしつ》、低《てい》カロリーです。

生産地《せいさんち》TOP3

1位《い》 茨城《いばらき》 24.1%
2位《い》 熊本《くまもと》 15.6%
3位《い》 北海道《ほっかいどう》 15.0%

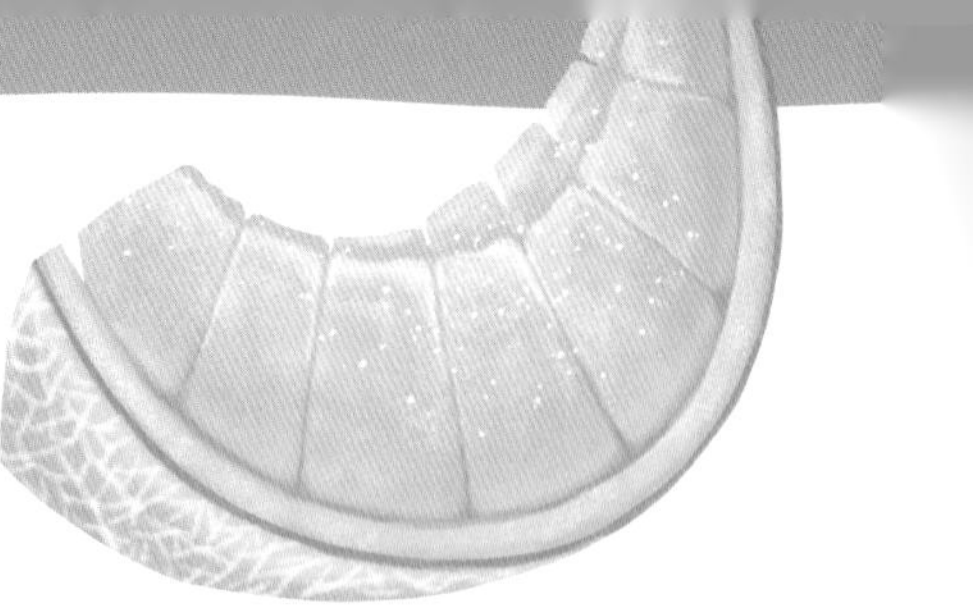

網目《あみめ》の細《こま》かいものを選《えら》ぼう

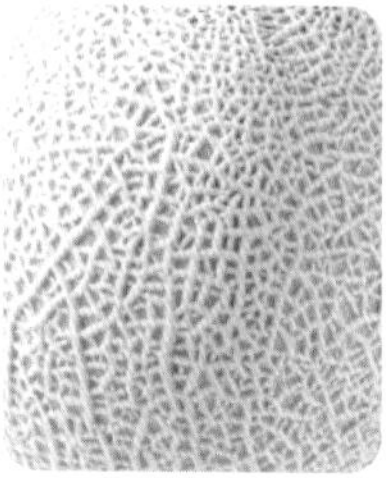

網目《あみめ》が細《こま》かくきれいなものがおいしい

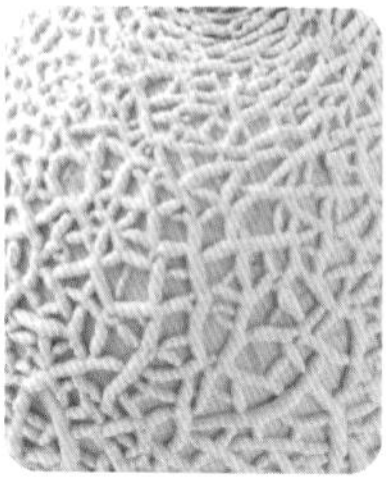

網目《あみめ》が少《すく》なくふぞろい

比《くら》べてみよう！

メロンはかなり個体差《こたいさ》があり、値《ね》段《だん》のわりに糖度《とうど》が低《ひく》くおいしくない場合《ばあい》もあります。

メロン選《えら》びのポイントは表面《ひょうめん》の網目《あみめ》の細《こま》かさです。網目《あみめ》があまりないものや、形《かたち》がいびつなものはあまりよくありません。細《こま》かくて均一《きんいつ》な形《かたち》の網目《あみめ》*は、ちょうどいい速度《そくど》で育《そだ》った証拠《しょうこ》と考《かんが》えていいでしょう。

食《た》べごろは、おしりに弾力《だんりょく》があるかどうかで見分《みわ》けます。

メロンは常温《じょうおん》で置《お》いておくと熟《じゅく》してきて、おしりの側《がわ》からやわらかくなってきます。時間《じかん》がたちすぎるといたんでくるのですが、おしりの部分《ぶぶん》を軽《かる》くさわってみて少《すこ》し弾力《だんりょく》があるなと感《かん》じたらそのときが食《た》べごろです。

*網目《あみめ》がない品種《ひんしゅ》もあります

店員《てんいん》のヒトコト

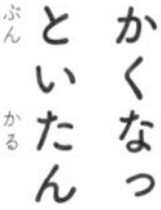

かたいうちに買《か》って毎日《まいにち》おしりをさわれば食《た》べごろを見逃《みのが》さないよ！

旬《しゅん》の目安《めやす》　1月　2月　3月　4月　**5月　6月　7月**　8月　9月　10月　11月　12月

おいしい！

40

サクランボは赤《あか》みの強《つよ》いものがおいしい

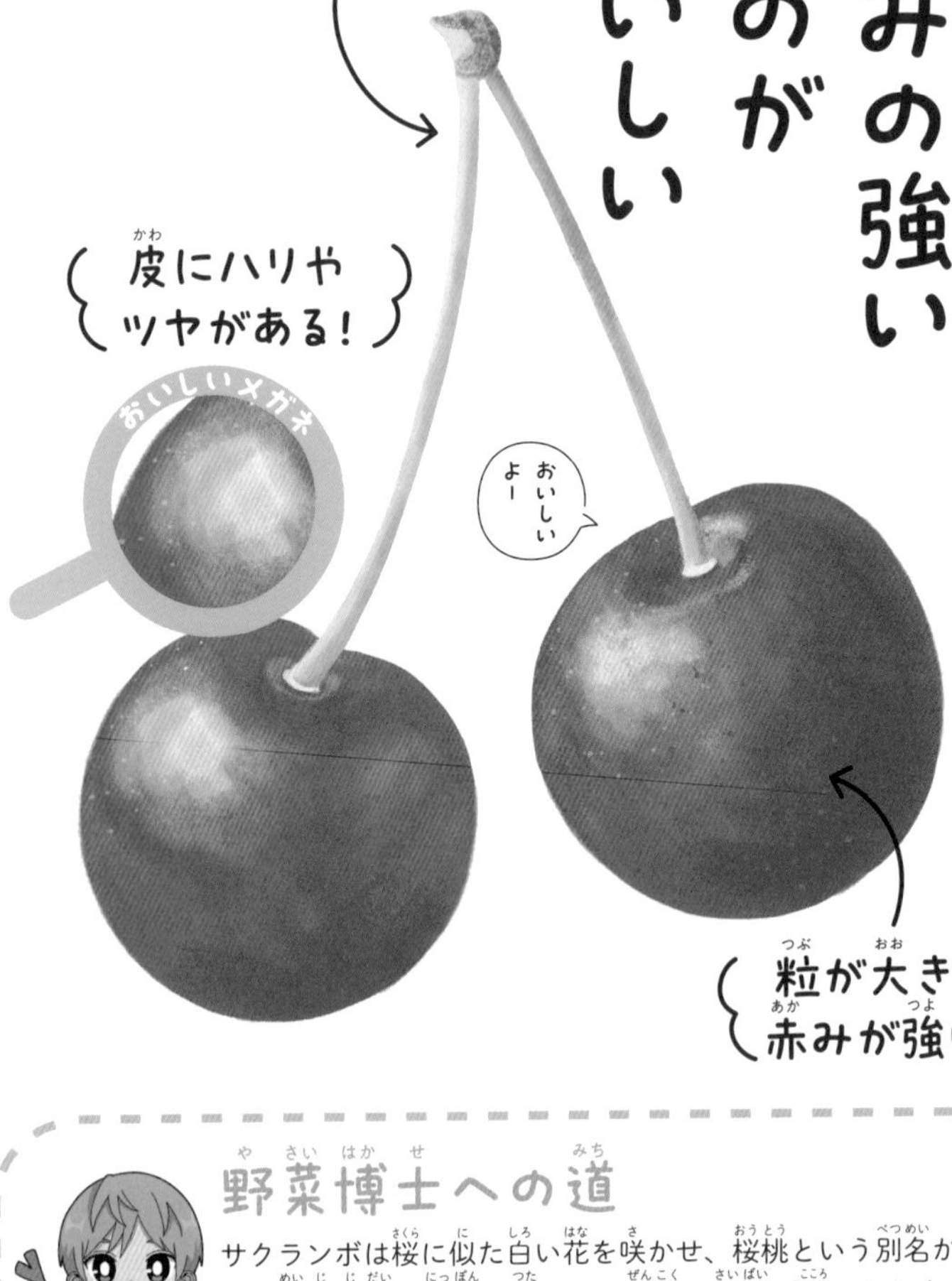

軸《じく》が鮮《あざ》やかな緑色《みどりいろ》！
皮《かわ》にハリやツヤがある！
おいしいメガネ
おいしいよー
粒《つぶ》が大《おお》きく、赤《あか》みが強《つよ》い！

野菜博士《やさいはかせ》への道《みち》

サクランボは桜《さくら》に似《に》た白《しろ》い花《はな》を咲《さ》かせ、桜桃《おうとう》という別名《べつめい》があります。明治時代《めいじじだい》に日本《にっぽん》に伝《つた》わり、全国《ぜんこく》で栽培《さいばい》が試《こころ》みられましたが、成功《せいこう》したのは山形県《やまがたけん》とその周辺《しゅうへん》だけでした。
現在《げんざい》、「佐藤錦《さとうにしき》」という品種《ひんしゅ》を中心《ちゅうしん》に山形県《やまがたけん》の生産量《せいさんりょう》は全国《ぜんこく》の約《やく》7割《わり》を占《し》めています。疲労回復《ひろうかいふく》や高血圧予防《こうけつあつよぼう》のほかに、美肌効果《びはだこうか》も期待《きたい》できます。

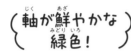

サクランボは鮮度《せんど》が特《とく》に重要《じゅうよう》

軸《じく》の色《いろ》がきれいなものは新鮮《しんせん》

透明《とうめい》っぽい部分《ぶぶん》はいたんでいる可能性《かのうせい》あり

カビが生《は》えやすいので要注意《ようちゅうい》！

よく見《み》てみよう！

サクランボは粒《つぶ》の大《おお》きいものが食《た》べごたえがありおいしいです。見《み》た目《め》で味《あじ》を見分《みわ》けるのは難《むずか》しいので、鮮度《せんど》を中心《ちゅうしん》に見《み》ましょう。サクランボは果物《くだもの》の中《なか》でも特《とく》にいたみやすいのでなおさらです。

軸《じく》が鮮《あざ》やかな緑色《みどりいろ》のものは鮮度《せんど》が高《たか》いものです。茶色《ちゃいろ》っぽくなって枯《か》れかけているものは避《さ》けましょう。

実《み》の黄色《きいろ》い部分《ぶぶん》が少《すく》なく、赤《あか》みの強《つよ》いものが熟《じゅく》していておいしいのですが、熟《う》れすぎるとやわらかくなってくるので、しっかりしたかたさがあるかたしかめると良《よ》いです。

パックの裏側《うらがわ》も注意《ちゅうい》して、念入《ねんい》りにチェックするようにしましょう。

店員《てんいん》のヒトコト

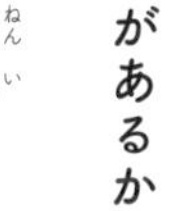

朝《あさ》お店《みせ》に並《なら》んだものが夕方《ゆうがた》にはいたんでいることも。サクランボはすぐ食《た》べよう！

おいしい!

41

スイカはしま模《も》様《よう》のコントラストがはっきりしたものがおいしい

軸《じく》がへこんでいて
周辺《しゅうへん》が
盛《も》り上《あ》がっている!
おいしいメガネ
緑《みどり》と黒《くろ》の差《さ》が
はっきりしている!

野菜博士《やさいはかせ》への道《みち》

スイカは古代《こだい》エジプトで栽培《さいばい》され、乾燥地《かんそうち》域《いき》では飲《の》み水《みず》の代《か》わりに利用《りよう》されていたようです。90% 以上《いじょう》は水分《すいぶん》で、利尿作用《りにょうさよう》があり老廃物《ろうはいぶつ》の排出《はいしゅつ》を促《うなが》します。また、体《からだ》を冷《ひ》やす効果《こうか》もあります。β《ベータ》-カロテンとリコピンを含《ふく》むことから抗酸化作用《こうさんかさよう》も持《も》っています。

生産地《せいさんち》TOP3

1位《い》 熊本《くまもと》 16.1%
2位《い》 千葉《ちば》 12.0%
3位《い》 山形《やまがた》 9.6%

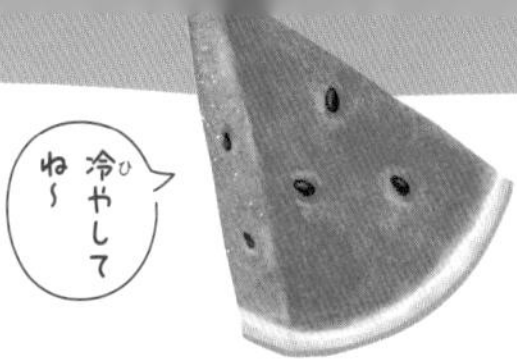

きれいな赤色《あかいろ》はおいしさの証拠《しょうこ》

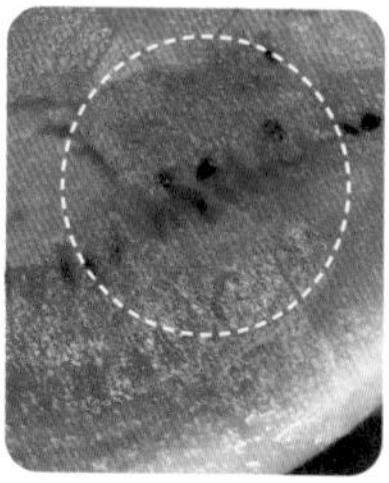

赤黒《あかぐろ》いものはいたみかけている

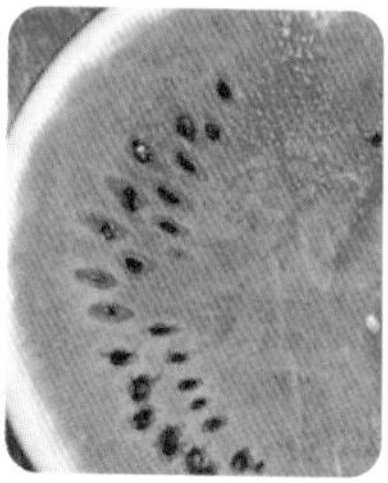

鮮《あざ》やかな赤色《あかいろ》のものがおいしい

比《くら》べてみよう！

カットされたスイカは糖度《とうど》が表示《ひょうじ》されている場合《ばあい》が多《おお》いので、まずはそれを見《み》ましょう。

果肉《かにく》の色《いろ》は、鮮《あざ》やかな赤色《あかいろ》のものが良品《りょうひん》で、赤黒《あかぐろ》いものはいたみかけ、色《いろ》の薄《うす》いものは十分《じゅうぶん》に熟《じゅく》していないものです。

種《たね》の色《いろ》は、茶色《ちゃいろ》のものより黒々《くろぐろ》としたものを選《えら》びましょう。

一玉《ひとたま》で買《か》う場合《ばあい》は、緑《みどり》と黒《くろ》のしま模《も》様《よう》がくっきり見《み》えるものがおすすめです。ヘタの周《まわ》りが盛《も》り上《あ》がっていて、おしりが小《ちい》さいのがベストです。

スイカをトントンとたたいて音《おと》で聞《き》き分《わ》けるのは昔《むかし》からよく行《おこな》われていますが、実際《じっさい》には難《むずか》しいので、目《め》で見《み》て選《えら》ぶのが確実《かくじつ》です。

店員《てんいん》のヒトコト

冷《ひ》やしすぎると糖度《とうど》が落《お》ちるので、食《た》べる直前《ちょくぜん》に冷《ひ》やすといいよ！

42

赤《あか》ナシは表面《ひょうめん》のザラザラが少《すく》ないものが完熟《かんじゅく》でおいしい

大《おお》きさのわりに重《おも》い!
すべすべ
おいしいメガネ
表面《ひょうめん》がすべすべしている!

野菜博士《やさいはかせ》への道《みち》

一般的《いっぱんてき》な球状《きゅうじょう》のナシは日本《にほん》ナシです。日本《にほん》ナシは、弥生時代《やよいじだい》に栽培《さいばい》されていたという記述《きじゅつ》が『日本書紀《にほんしょき》』にあるくらい古《ふる》くから親《した》しまれていたようです。シャリシャリとした食感《しょっかん》は、ナシの果肉《かにく》に「石細胞《せきさいぼう》」とよばれる細胞《さいぼう》があるためで、これが腸《ちょう》を刺激《しげき》し、便通《べんつう》を促《うなが》すといわれています。

生産地《せいさんち》TOP3

1位《い》 茨城《いばらき》 9.5%
2位《い》 千葉《ちば》 9.2%
3位《い》 栃木《とちぎ》 8.6%

青《あお》ナシは色《いろ》で見《み》分《わ》けよう

黄《き》色《いろ》いものは甘《あま》みが強《つよ》い

緑《みどり》色《いろ》のものはシャキシャキ感《かん》がある

比《くら》べてみよう!

日《に》本《ほん》ナシには赤《あか》ナシと青《あお》ナシの2種《しゅ》類《るい》があります。「幸《こう》水《すい》」や「豊《ほう》水《すい》」などの赤《あか》ナシは甘《あま》みが強《つよ》いのが特《とく》徴《ちょう》です。「二《に》十《じっ》世《せい》紀《き》」などの青《あお》ナシは、さわやかな甘《あま》みとシャキシャキした食《しょっ》感《かん》が特《とく》徴《ちょう》です。

赤《あか》ナシは皮《かわ》をさわった感《かん》じで選《えら》びましょう。すべすべしていて、コルクのようなザラザラ感《かん》がとれてきたころのものが甘《あま》くておいしいです。

青《あお》ナシは皮《かわ》の色《いろ》で判《はん》断《だん》します。黄《き》色《いろ》いほうが熟《じゅく》していて甘《あま》みが強《つよ》くなりますが、シャキシャキ感《かん》が好《す》きな人《ひと》は緑《みどり》色《いろ》っぽいものを選《えら》びましょう。

大《おお》きさは品《ひん》種《しゅ》によって変《か》わるので気《き》にしなくていいのですが、大《おお》きさのわりに重《おも》いものを選《えら》ぶといいです。

店員《てんいん》のヒトコト

個《こ》人《じん》的《てき》にオススメの品《ひん》種《しゅ》は「新《しん》甘《かん》泉《せん》」。甘《あま》さとシャキシャキ食《しょっ》感《かん》を楽《たの》しめるよ!

旬《しゅん》の目安《めやす》 1月 2月 3月 4月 5月 6月 7月 8月 9月 10月 11月 12月

おいしい! ※輸入《ゆにゅう》は一年中《いちねんじゅう》 おいしい!

43

キウイフルーツは弾《だん》力《りょく》があるものがおいしい

うぶ毛《げ》が均一《きんいつ》に生《は》えている!※

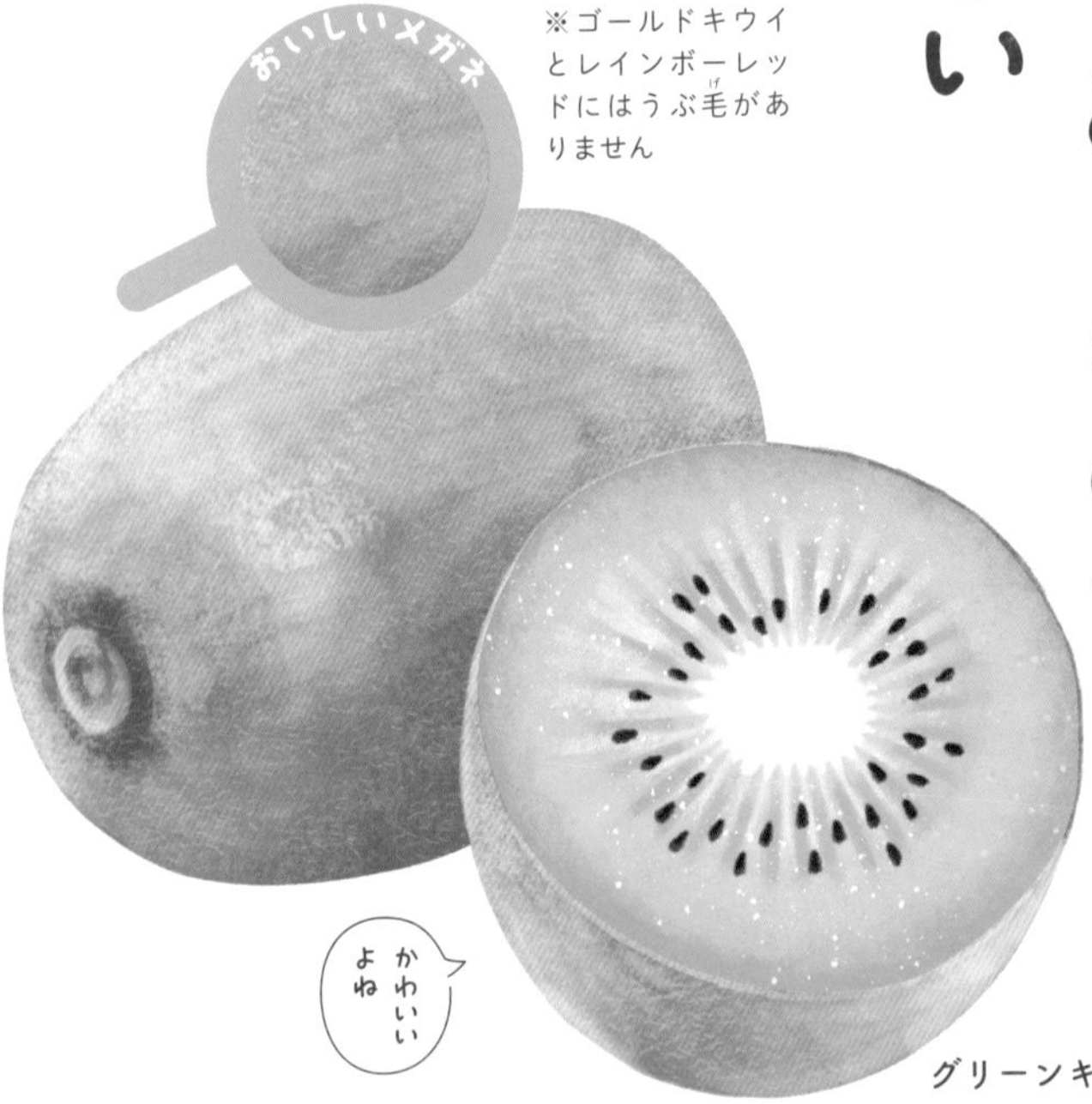

※ゴールドキウイとレインボーレッドにはうぶ毛《げ》がありません

グリーンキウイ

野菜《やさい》博士《はかせ》への道《みち》

原産地《げんさんち》は中国《ちゅうごく》ですが、日本《にっぽん》で出回《でまわ》っているキウイはほとんどがニュージーランド産《さん》です。キウイは、ニュージーランドの国鳥《こくちょう》のキウイに見《み》た目《め》が似《に》ていることから名付《なづ》けられたといわれています。とくにビタミンC《シー》が豊富《ほうふ》で、風邪《かぜ》予防《よぼう》・疲労回復《ひろうかいふく》・美肌効《びはだこう》果《か》などが期待《きたい》されます。

生産地《せいさんち》TOP3

1位《い》 愛媛《えひめ》 23.7%
2位《い》 福岡《ふくおか》 20.7%
3位《い》 和歌山《わかやま》12.0%

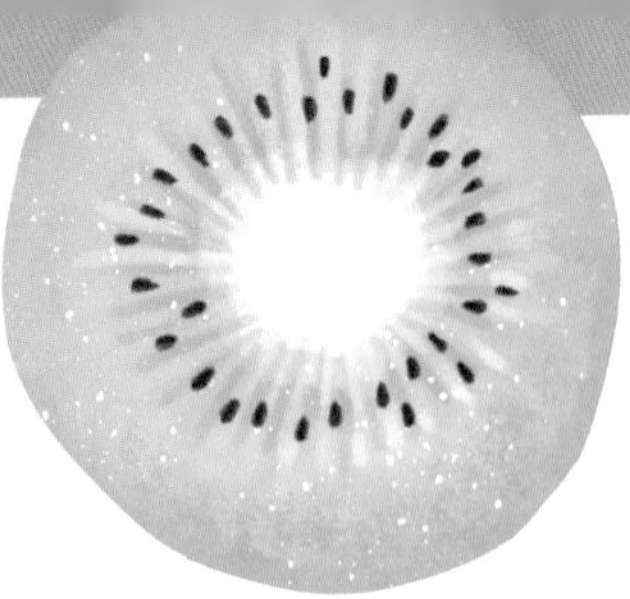

酸《さん》みが苦《にが》手《て》な人《ひと》
におすすめ

ゴールドキウイ
は果《か》肉《にく》が黄《き》色《いろ》い

レインボーレッド
は果《か》肉《にく》の中心《ちゅうしん》部《ぶ》が赤《あか》い
（そのまわりは緑色《みどりいろ》または黄《き》色《いろ》）

比《くら》べてみよう！

よく出《で》回《まわ》っているキウイフルーツにはグリーンキウイとゴールドキウイがあります。

グリーンキウイは酸《さん》みが強《つよ》く、ゴールドキウイは甘《あま》みが強《つよ》いという違《ちが》いがあります。

もう一《ひと》つ紹介《しょうかい》したいのがレインボーレッドです。甘《あま》みが強《つよ》く、味《あじ》はゴールドキウイに近《ちか》いですが、果《か》肉《にく》の中心《ちゅうしん》部《ぶ》分《ぶん》が赤《あか》くなっているのが特徴《とくちょう》です。鮮《あざ》やかな色《いろ》合《あ》いをしており、目《め》で見《み》ても楽《たの》しめます。

キウイは軽《かる》く握《にぎ》ってみて少《すこ》し弾力《だんりょく》のあるものが熟《じゅく》しておいしいものです。特《とく》にグリーンキウイは熟《じゅく》すと甘《あま》みが強《つよ》くなり、甘《あま》みと酸《さん》みの両方《りょうほう》を味《あじ》わえてとてもおいしいです。

店員《てんいん》の
ヒトコト

キウイはおしり側《がわ》が甘《あま》いので
ヘタ側《がわ》から食《た》べると最後《さいご》までおいしいよ！

おいしい!

44

マンゴーは少《すこ》し弾《だん》力《りょく》のあるものがジューシーでおいしい

皮《かわ》にベタつき&ツヤがある!
さわってみて
おいしいメガネ
赤《あか》く色《いろ》づいている!

野菜《やさい》博士《はかせ》への道《みち》

マンゴーはインドからマレー半島《はんとう》一帯《いったい》の熱《ねっ》帯《たい》地方《ちほう》が原産《げんさん》のトロピカルフルーツです。日本《にっぽん》では1970年代《ねんだい》から本格的《ほんかくてき》に栽培《さいばい》が始《はじ》まりました。ビタミンC《シー》やβ《ベータ》-カロテン、葉酸《ようさん》、カリウムが豊富《ほうふ》で、貧血《ひんけつ》予防《よぼう》、便秘《べんぴ》改善《かいぜん》のほかに美《び》肌《はだ》効《こう》果《か》があるとされています。

生産地《せいさんち》TOP3

1位《い》 沖縄《おきなわ》 51.6%
2位《い》 宮崎《みやざき》 33.7%
3位《い》 鹿児島《かごしま》11.0%

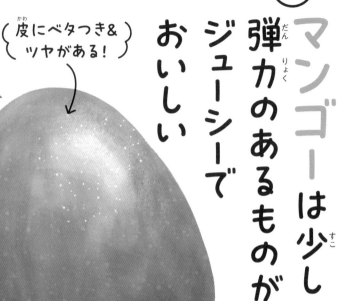

皮《かわ》をよく見《み》て選《えら》ぼう

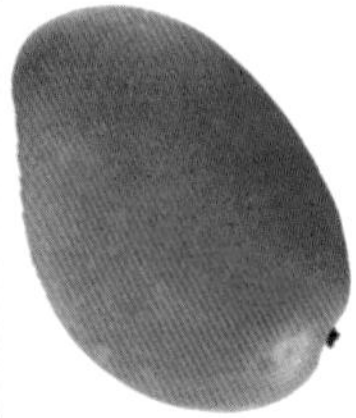

皮《かわ》にツヤがあるものは完熟状態《かんじゅくじょうたい》

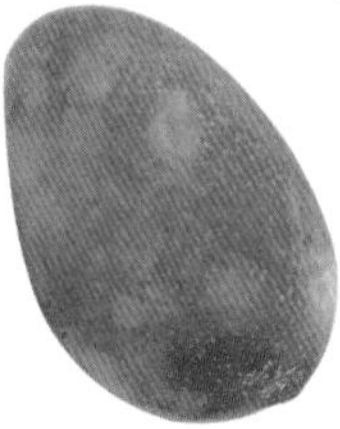

ブルームがついていてツヤがないものは完熟前《かんじゅくまえ》

比《くら》べてみよう！

マンゴーは国産《こくさん》のものが圧倒的《あっとうてき》においしいのですが、値段《ねだん》が高《たか》めなので熟《じゅく》しているおいしいものを選《えら》べるようになるといいですね。

キウイと同《おな》じですが、軽《かる》く握《にぎ》って弾力《だんりょく》があるものが食《た》べごろです。

日本《にっぽん》で流通量《りゅうつうりょう》が多《おお》いアップルマンゴーは、完熟《かんじゅく》すると黄色《きいろ》っぽいところがなくなり、全体的《ぜんたいてき》に赤《あか》く色《いろ》づきます。熟《じゅく》す前《まえ》のものはブルーム（白《しろ》い粉《こな》のようなもの）がついていますが、ブルームがとれて皮《かわ》がしっとりとベタついて見《み》えるものを選《えら》びましょう。

甘《あま》い香《かお》りも完熟《かんじゅく》したサインです。形《かたち》はきれいなもののほうがいいでしょう。

店員《てんいん》のヒトコト

果皮《かひ》に黒《くろ》いシミがあっても果肉《かにく》がきれいなら食《た》べても大丈夫《だいじょうぶ》だよ！

コラム④

お買《か》い物《もの》のヒント

朝《あさ》イチの野《や》菜《さい》・果物《くだもの》はやはり鮮度《せんど》がいいです。袋詰《ふくろづ》めされずにはだかで売《う》っている商品《しょうひん》は徐々《じょじょ》に乾燥《かんそう》していってしまうので、開《かい》店直後《てんちょくご》の鮮度《せんど》が一番《いちばん》いいときに買《か》い物《もの》をするのがオススメです。

なるべく節約《せつやく》したいのであれば、見切《みき》り品《ひん》が出《で》る時間《じかん》を把握《はあく》して、その時間以降《じかんいこう》に行《い》くのがいいでしょう。お店《みせ》では開店中《かいてんちゅう》に一《いち》、二回売《にかいう》り場商品《ばしょうひん》の鮮度《せんど》チェックをして、見切《みき》り品《ひん》として値段《ねだん》の変更《へんこう》を行《おこな》っています。また、お店《みせ》によっては曜日市《ようびいち》・月末市《げつまついち》などの特売《とくばい》イベントを開催《かいさい》したり、販売戦略《はんばいせんりゃく》として時《とき》には原価割《げんかわ》れで売《う》ったりすることもあるので、広告《こうこく》やチラシもこまめにチェックしましょう。

野菜《やさい》・果物《くだもの》は生鮮商品《せいせんしょうひん》なので、鮮度《せんど》のいい状態《じょうたい》で食《た》べてほしいと思《おも》っています。なるべく必要《ひつよう》な分《ぶん》だけ購入《こうにゅう》して、家庭内《かていない》で捨《す》ててしまうことがないようにしてもらいたいです。そのときに食《た》べきれなかった場合《ばあい》は、16ページの保存場所一覧《ほぞんばしょいちらん》を参考《さんこう》に、野菜《やさい》や果物《くだもの》のおいしさを損《そこ》なうことなく、保存《ほぞん》してみてください。

朝《あさ》

鮮《せん》度《ど》重《じゅう》視《し》の人《ひと》にオススメ

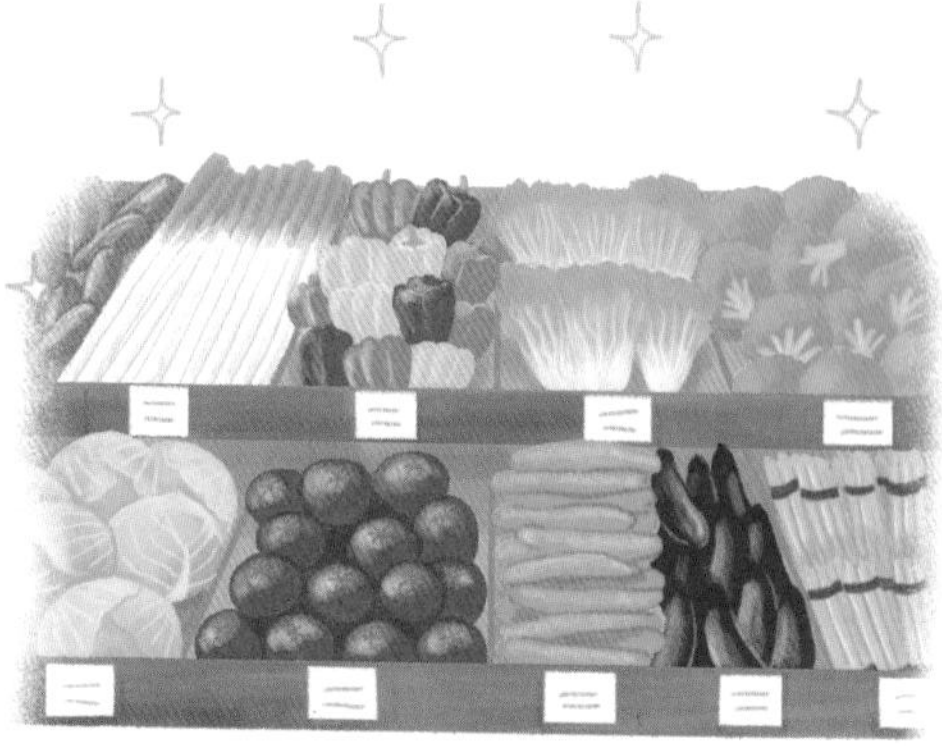

★開店直後《かいてんちょくご》の「朝《あさ》イチ」がお得《とく》!
★売《う》り場《ば》に置《お》かれる時間《じかん》が短《みじか》いから乾燥《かんそう》せず一番鮮度《いちばんせんど》がいい状態《じょうたい》!

夕《ゆう》方《がた》〜夜《よる》

価《か》格《かく》重《じゅう》視《し》の人《ひと》にオススメ

★「夕方《ゆうがた》」がお得《とく》!
★見《み》切《き》り品《ひん》を出《だ》す時間帯《じかんたい》はある程度《ていど》決《き》まっているので、
スーパーの値段変更《ねだんへんこう》のタイミングを把握《はあく》しよう!

5章《しょう》 きのこ

ご家《か》庭《てい》で
よく食《た》べられる
代《だい》表《ひょう》的《てき》な
きのこを
入《い》れています

旬《しゅん》の目安《めやす》 1月 2月 3月 4月 5月 6月 7月 8月 9月 10月 11月 12月

おいしい！

45

マイタケは色《いろ》のコントラスト*がはっきりしているものがおいしい

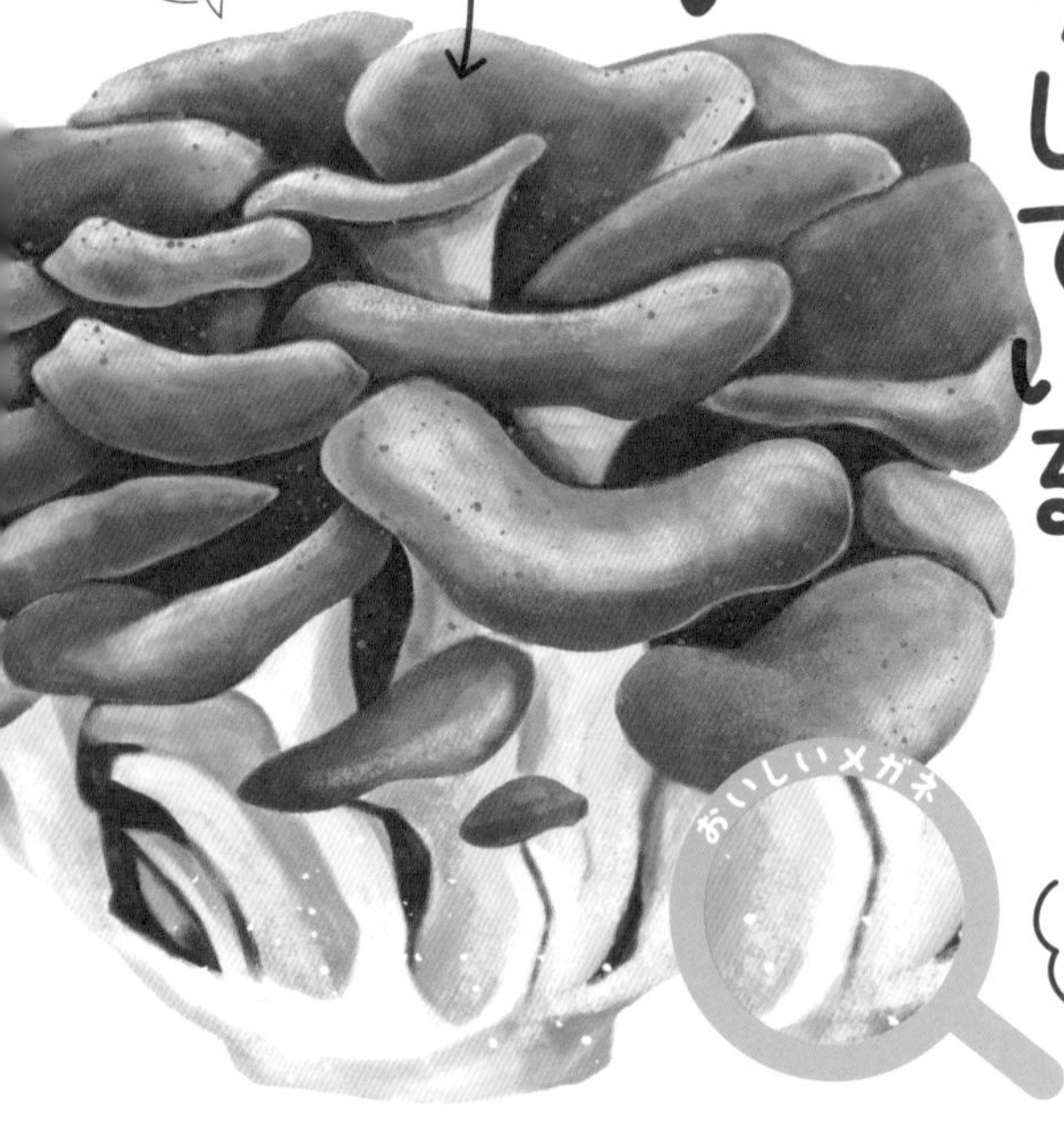

*二《ふた》つを比《くら》べたときの差《さ》

野菜博士《やさいはかせ》への道《みち》

「カサの形《かたち》がひらひらと舞《ま》っているように見《み》える」、または「見《み》つけると舞《ま》うほどうれしい」という理由《りゆう》から「舞茸《まいたけ》」と名付《なづ》けられたといわれています。日本《にっぽん》では、1970年代《ねんだい》から栽培《さいばい》されるようになりました。カルシウムの吸収《きゅうしゅう》を促進《そくしん》する働《はたら》きをもち、骨《ほね》の健康維持《けんこういじ》に期待《きたい》できるビタミンD《ディー》をとくに多《おお》く含《ふく》みます。免疫力《めんえきりょく》を向上《こうじょう》させてがん細胞《さいぼう》の増殖《ぞうしょく》をおさえる効果《こうか》があるといわれるβ《ベータ》-グルカンも豊富《ほうふ》です。

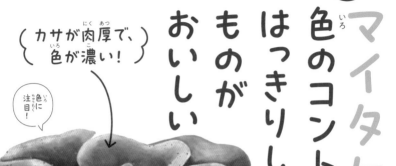

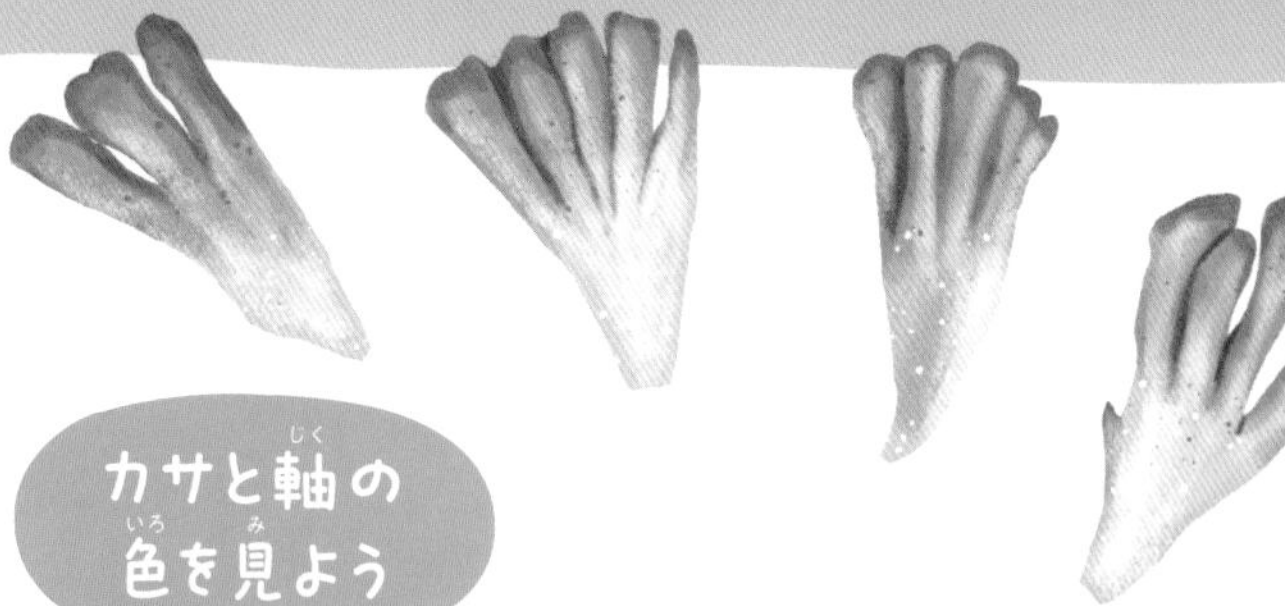

カサと軸《じく》の色《いろ》を見《み》よう

コントラストが弱《よわ》いと**鮮度《せんど》が低《ひく》い**

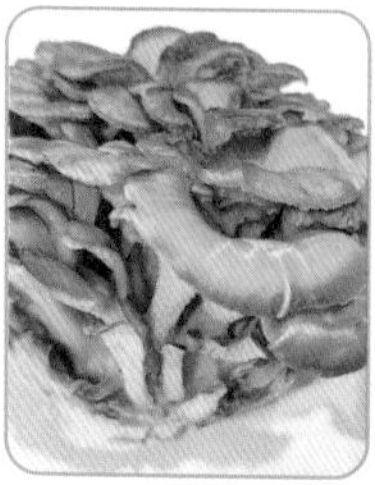

コントラストがはっきりしていると**新鮮《しんせん》**

比《くら》べてみよう！

マイタケは株《かぶ》が大《おお》きく、カサが肉《にく》厚《あつ》でそり気味《ぎみ》、さわって弾力《だんりょく》があるものがおすすめです。

株《かぶ》が大《おお》きいもの、カサが密集《みっしゅう》しているものは味《あじ》が良《よ》いとされ、風味《ふうみ》や食感《しょっかん》を楽《たの》しめます。カサの色《いろ》が濃《こ》く、軸《じく》が白《しろ》いもの、つまりコントラストが強《つよ》いものが新鮮《しんせん》です。

鮮度《せんど》が良《よ》いとカサに厚《あつ》みがあり、さわるとパリッと折《お》れそうなほどです。ハリやツヤがなく、表面《ひょうめん》が水《みず》っぽくなっているものやパックの内側《うちがわ》が湿《しめ》っているようなものは鮮度《せんど》が落《お》ちているので選《えら》ばないようにしましょう。

店員《てんいん》のヒトコト

白《しろ》マイタケは通常《つうじょう》のマイタケよりもクセが少《すく》なく、やわらかいよ！

旬《しゅん》の目安《めやす》 1月 2月 3月 4月 5月 6月 7月 8月 9月 10月 11月 12月

おいしい！ おいしい！

46

シイタケはカサがクルッと巻《ま》いているものがおいしい

カサの内側《うちがわ》が白《しろ》くてヒダが細《こま》かい！

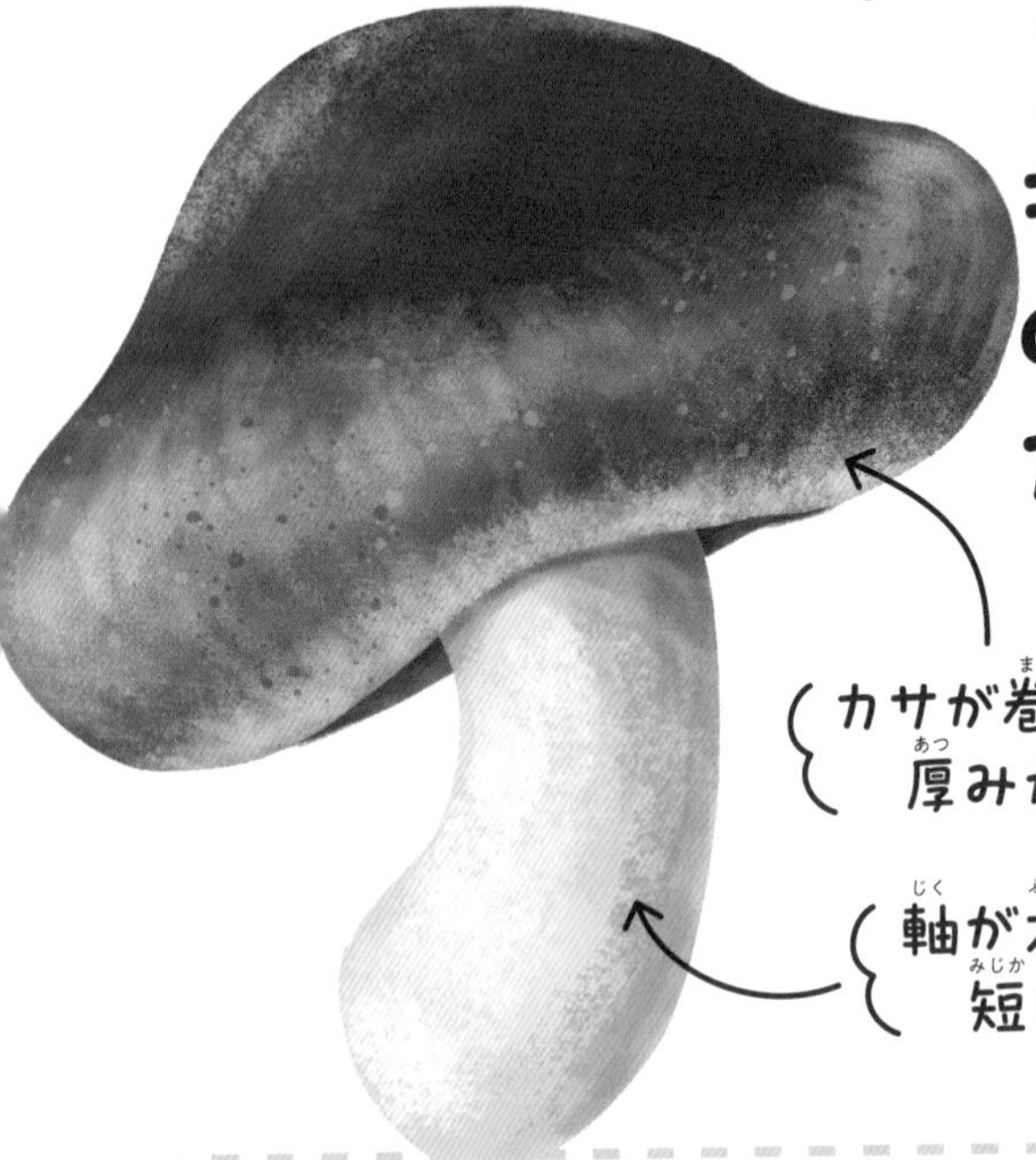

カサが巻《ま》いていて厚《あつ》みがある！

軸《じく》が太《ふと》くて短《みじか》い！

野菜博士《やさいはかせ》への道《みち》

日本《にっぽん》でシイタケが食《た》べられるようになったのは室町時代《むろまちじだい》。キノコの中《なか》でも栄養《えいよう》が豊富《ほうふ》で、エルゴステロールという成分《せいぶん》は日《ひ》に当《あ》てると、骨《ほね》をじょうぶにするビタミンD《ディー》に変化《へんか》します。また、栄養成分《えいようせいぶん》のエリタデニンは血中《けっちゅう》コレステロール値《ち》を下《さ》げたり血《けつ》流《りゅう》をよくする効果《こうか》が期待《きたい》できます。

生産地《せいさんち》TOP3

1位《い》	徳島《とくしま》	11.6%
2位《い》	北海道《ほっかいどう》	9.5%
3位《い》	岩手《いわて》	6.0%

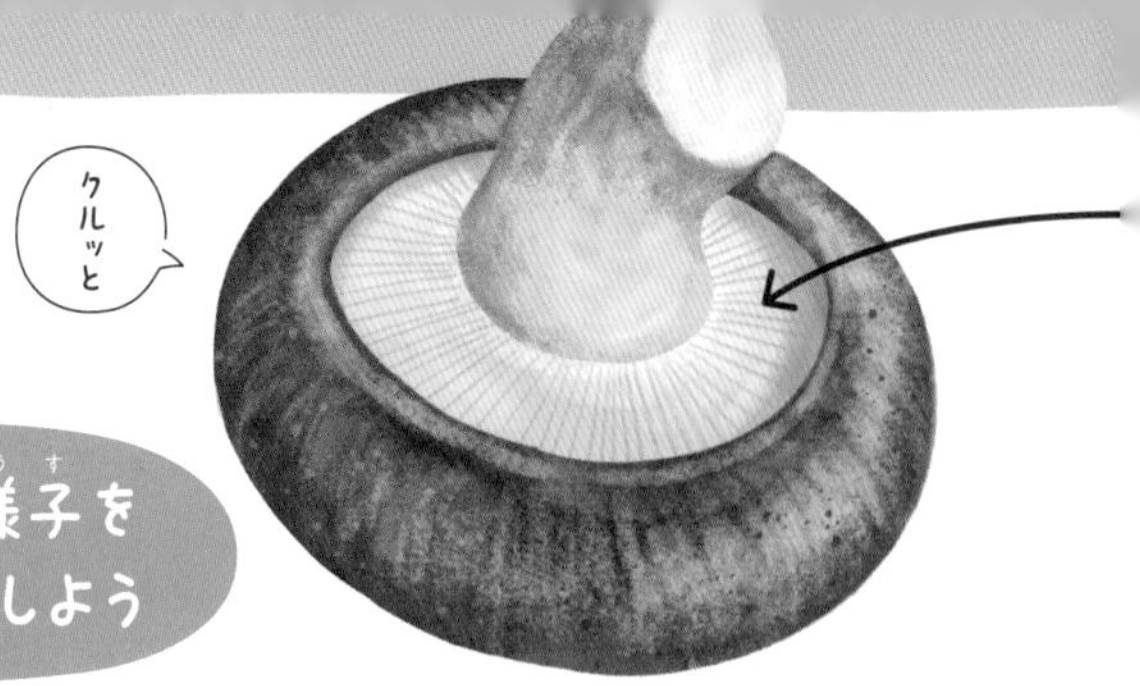

ヒダの様子《ようす》をチェックしよう

ヒダが茶色《ちゃいろ》いものは鮮度《せんど》が低《ひく》い

ヒダが白《しろ》く細《こま》かいものは新鮮《しんせん》

比《くら》べてみよう!

カサが肉厚《にくあつ》なもののほうが味《あじ》わいが良《よ》いのでおすすめです。軸《じく》は太《ふと》くて短《みじか》いものが良品《りょうひん》とされています。カサが丸《まる》まって開《ひら》いていないものは新鮮《しんせん》です。カサが開《ひら》ききっているものは鮮度《せんど》が落《お》ちていて、プリプリした食《しょっ》感《かん》も弱《よわ》いので避《さ》けましょう。

鮮度《せんど》の良《よ》いシイタケのカサは薄《うす》い茶《ちゃ》色《いろ》をしていますが、時間《じかん》がたって劣化《れっか》してくると黒《くろ》っぽく変色《へんしょく》してきます。色《いろ》の薄《うす》いシイタケを選《えら》ぶようにしましょう。カサの内側《うちがわ》のヒダが細《こま》かく白《しろ》いものは新鮮《しんせん》で、茶色《ちゃいろ》っぽく変色《へんしょく》しているものは鮮度《せんど》が落《お》ちています。

またシイタケは湿気《しっけ》に弱《よわ》いので、表《ひょう》面《めん》が湿《しめ》っているようなものは、いたみやすいので避《さ》けましょう。

店員《てんいん》のヒトコト

きのこは凍《こお》らせると、細胞《さいぼう》がこわれてうまみ成分《せいぶん》がなんと約《やく》3倍《ばい》に!

旬《しゅん》の目《め》安《やす》 1月 2月 3月 4月 5月 6月 7月 8月 9月 10月 11月 12月

おいしい!　おいしい!

47

エノキは袋《ふくろ》の真《しん》空《くう》が抜《ぬ》けていないものがおいしい

白《しろ》いのがいいよ

カサが小《ちい》さくて閉《と》じている!

全《ぜん》体《たい》的《てき》に乳《にゅう》白《はく》色《しょく》!

野《や》菜《さい》博《はか》士《せ》への道《みち》

エノキの枯《か》れ枝《えだ》や切《き》り株《かぶ》に自《じ》生《せい》するのが名《な》前《まえ》の由《ゆ》来《らい》です。記《き》憶《おく》力《りょく》の低《てい》下《か》を予《よ》防《ぼう》しイライラをしずめるビタミンB《ビー》1や口《こう》内《ない》炎《えん》の予《よ》防《ぼう》などに有《ゆう》効《こう》なビタミンB《ビー》2などを多《おお》く含《ふく》みます。きのこ特《とく》有《ゆう》の成《せい》分《ぶん》β《ベータ》-グルカンは、ほかのきのこ類《るい》よりも多《おお》く含《ふく》まれ整《せい》腸《ちょう》作《さ》用《よう》が期《き》待《たい》できます。

生《せい》産《さん》地《ち》 TOP3

1位《い》	長《なが》野《の》	60.6%
2位《い》	新潟《にいがた》	15.6%
3位《い》	宮崎《みやざき》	4.4%

色《いろ》をチェックしよう

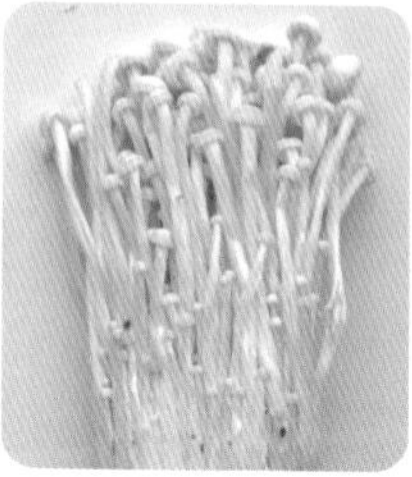

透明《とうめい》になっているものや黄色《きいろ》っぽいものは×

よく見《み》てみよう！

エノキのおいしさはジャキジャキした食感《しょっかん》です。新鮮《しんせん》なエノキは食感《しょっかん》が強《つよ》いのですが、鮮度《せんど》が落《お》ちてくると食感《しょっかん》も落《お》ちてしまいます。

エノキは古《ふる》くなるにつれて、黄色《きいろ》みを帯《お》びてきてカサが開《ひら》いてきます。白《しろ》くてカサが閉《と》じているものを選《えら》びましょう。

水《みず》っぽくなっていたり透明《とうめい》になっていたりするものは、いたんでいる可能《かのう》性《せい》が高《たか》いので避《さ》けましょう。

エノキは袋《ふくろ》に入《はい》ってお店《みせ》に並《なら》べられていることが多《おお》いので、袋《ふくろ》の状態《じょうたい》も鮮《せん》度《ど》チェックのポイントです。陳列後《ちんれつご》時《じ》間《かん》がたつと袋《ふくろ》の真空《しんくう》が抜《ぬ》けてきます。袋《ふくろ》がしぼんでいるものは避《さ》けたほうがいいでしょう。

店員《てんいん》のヒトコト

おがくずが付《つ》いている部分《ぶぶん》以外《いがい》はすべて食《た》べることができるよ！

青果店《せいかてん》とスーパーの違《ちが》い

青果店《せいかてん》とスーパーの最大《さいだい》の違《ちが》いは流通経路《りゅうつうけいろ》だと思《おも》います。店頭《てんとう》に並《なら》ぶまでの時間《じかん》は青果店《せいかてん》のほうが短《みじか》いので、鮮度《せんど》がいいといえます。スーパーだと間《あいだ》に卸売業者《おろしうりぎょうしゃ》が入《はい》ったり、場合《ばあい》によっては商品《しょうひん》センターを経由《けいゆ》してからお店《みせ》に到着《とうちゃく》したりするので、時間《じかん》がかかります。

また、仕入《しい》れの考《かんが》え方《かた》が違《ちが》います。スーパーの場合《ばあい》はなるべく欠品《けっぴん》を出《だ》さないように仕入《しい》れます。一方《いっぽう》で、青果店《せいかてん》の場合《ばあい》は売《う》り切《き》れになることよりも鮮度《せんど》を重視《じゅうし》して、毎日《まいにち》必要《ひつよう》な量《りょう》のみ仕入《しい》れることができます。

ほかにも、スーパーの青果売《せいかう》り場《ば》にいる店員全員《てんいんぜんいん》が野菜《やさい》の知識《ちしき》があるとはかぎりません。でも、青果店《せいかてん》は野菜《やさい》の知識《ちしき》が豊富《ほうふ》な人《ひと》が多《おお》いので、どれがおいしいか、いま旬《しゅん》のものはどれかなど、相談《そうだん》すれば教《おし》えてくれ、選《えら》ぶ手間《てま》が省《はぶ》けます。スーパーは自分《じぶん》で吟味《ぎんみ》しなければなりませんが、肉《にく》や魚《さかな》などほかの食材《しょくざい》もいっぺんにそろい、買《か》い物《もの》の時間《じかん》を短縮《たんしゅく》することができます。

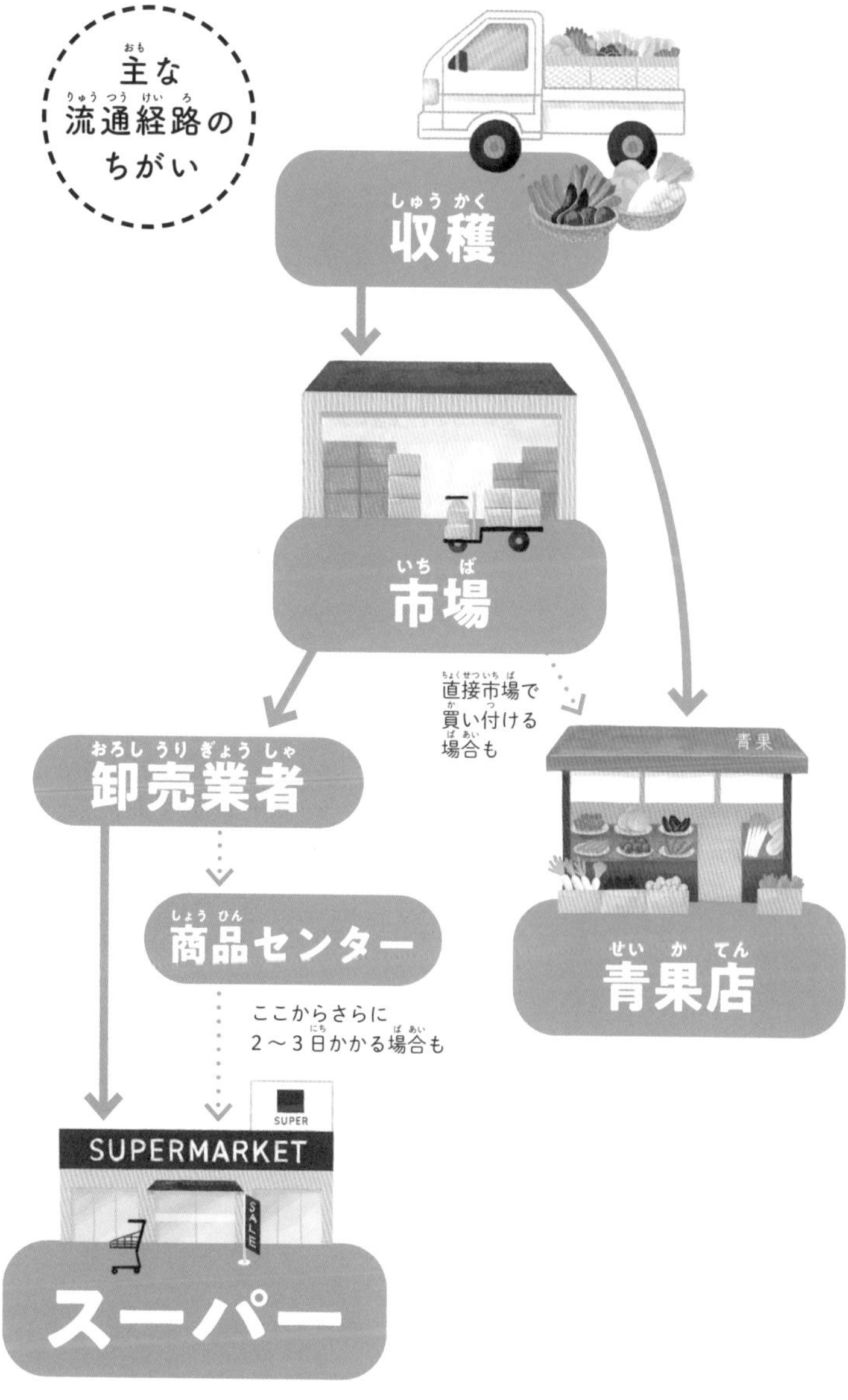
主《おも》な
流通経路《りゅうつうけいろ》の
ちがい
収穫《しゅうかく》
市場《いちば》
直接市場《ちょくせついちば》で
買《か》い付《つ》ける
場合《ばあい》も
卸売業者《おろしうりぎょうしゃ》
商品《しょうひん》センター
ここからさらに
2～3日《にち》かかる場合《ばあい》も
青果
青果店《せいかてん》
SUPER
SUPERMARKET
SALE
スーパー

※スーパーや青果店《せいかてん》によって異《こと》なる場合《ばあい》があります

Q & A

質問《しつもん》にテツがお答《こた》えいたします！

参加《さんか》してくださったみなさま、
ありがとうございました！

Q いたんでいる野菜《やさい》はどのくらいまでなら食《た》べられるの？

A スーパーの店員《てんいん》としての立場《たちば》からでは「なるべく早《はや》く食《た》べてほしい！」という答《こた》え方《かた》しかできないです。でも、無難《ぶなん》なところで判《はん》断《だん》基準《きじゅん》を設《もう》けるなら…

OK!

- しおれている
- 乾燥《かんそう》してシワが出《で》ている
- 葉《は》が黄色《きいろ》く変色《へんしょく》している
- キズや打《う》ち身《み》がある

NG…

- カビが生《は》えている
- 見《み》た目《め》が腐《くさ》っている
- 変《へん》なニオイがする

@ricca19atsさん　@shin_yama0714さん

みんなの

Twitterで募集《ぼしゅう》した野菜《やさい》・果物《くだもの》についての様々《さまざま》な

@iyoridayoさん

Q 賞味期限《しょうみきげん》がない野菜《やさい》はいつまで食《た》べられるの？

A

多《おお》くの野菜《やさい》には賞味期限《しょうみきげん》がありません。「買《か》ってから何日経《なんにちた》ったら捨《す》てましょう」と言《い》い切《き》ることは難《むずか》しいです。
野菜《やさい》は収穫後《しゅうかくご》～購入《こうにゅう》された後《あと》もずっと生《い》きています。保存状態《ほぞんじょうたい》にもよりますし、たとえば冷凍《れいとう》すれば1ヶ月《かげつ》持《も》つものも多《おお》いです。
右《みぎ》のページで回答《かいとう》した基準《きじゅん》に当《あ》てはめて、目《もく》視《し》やニオイでチェックして食《た》べられるか判《はん》断《だん》するしかありません。店員目線《てんいんめせん》で話《はなし》をすると野菜《やさい》は生鮮食品《せいせんしょくひん》ですので、冷凍《れいとう》しないのであればやはりなるべく早《はや》く食《た》べてほしいです。

Q & A

Q 売《う》れ残《のこ》った野菜《やさい》は捨《す》てられるの？野菜《やさい》は何日《なんにち》くらいお店《みせ》で売《う》られているの？

A

お店《みせ》や担当者《たんとうしゃ》によっても考《かんが》え方《かた》はちがうと思《おも》います。
僕《ぼく》の場合《ばあい》は、カットした野菜《やさい》（キャベツ1/2など）やもやし、アボカドは毎朝《まいあさ》売場《うりば》から撤《てっ》去《きょ》しています。撤去《てっきょ》したもやしは廃棄《はいき》しますが、その他《ほか》は見切《みき》り品《ひん》にします。それ以外《いがい》の野菜《やさい》や果物《くだもの》は毎日《まいにち》最低《さいてい》２回鮮度《かいせんど》をチェックするので、その時《とき》に状態《じょうたい》を見《み》て撤去《てっきょ》するか売《う》り続《つづ》けるかを判断《はんだん》します。
何日《なんにち》くらい売《う》り続《つづ》けられるかは品目《ひんもく》によって異《こと》なります。葉物《はもの》野菜《やさい》は半日《はんにち》～１日程度《にちていど》しか持《も》ちませんし、玉《たま》ねぎやごぼうなどの土《つち》物《もの》野菜《やさい》はものによっては１週間《しゅうかん》以上《いじょう》売場《うりば》に置《お》いても問題《もんだい》ない場合《ばあい》もあります。

@ikadrill さん

みんなの

@masami_tolove さん

Q 季節《きせつ》によって食《た》べたらいい野菜《やさい》を知《し》りたい！

A

基本的《きほんてき》には旬《しゅん》の野菜《やさい》を食《た》べるようにするといいですよ。
たとえば夏《なつ》の野菜《やさい》には身体《からだ》をクールダウンさせる効果《こうか》があったり、冬《ふゆ》の野菜《やさい》には身体《からだ》を温《あたた》める効果《こうか》があるものが多《おお》かったり、その季節《きせつ》に合《あ》った栄養《えいよう》を効率《こうりつ》よく摂取《せっしゅ》することができます。

また、冬《ふゆ》が旬《しゅん》のホウレン草《そう》は夏《なつ》のホウレン草《そう》に比べてビタミンCが数倍《すうばい》多《おお》く含《ふく》まれているなど、旬《しゅん》の野菜《やさい》を食《た》べることはメリットが多《おお》いです。
旬《しゅん》については14ページにまとめているので参考《さんこう》にしてみてください。

Q & A

Q 野菜《やさい》ジュースを飲《の》むと野菜《やさい》を摂《と》っていることになるの？

A

野菜《やさい》ジュースの場合《ばあい》、製造《せいぞう》する過程《かてい》で殺菌《さっきん》をしないといけないので、加熱調理《かねつちょうり》を行《おこな》っていたり、食物繊維《しょくもつせんい》が取《と》り除《のぞ》かれていたりする場《ば》合《あい》があります。ですので、野菜本来《やさいほんらい》の栄養素《えいようそ》が必《かなら》ずしもまるっと残《のこ》っているというわけではありません。もちろん残《のこ》っている栄養《えいよう》素《そ》もあるので野菜《やさい》ジュースで補《おぎな》える栄養素《えいようそ》もあれば、補《おぎな》えない栄養素《えいようそ》もあるという回答《かいとう》が正《ただ》しいのかなと思《おも》います。
ですから、野菜《やさい》ジュースを毎日《まいにち》飲《の》んでいるから野菜《やさい》は食《た》べなくても大丈夫《だいじょうぶ》ということにはなりません。

@yuri10181107さん

みんなの

@Hidamarinyanさん

Q 風邪《かぜ》をひいたときにオススメの野菜《やさい》を教《おし》えて！

A

身体《からだ》を温《あたた》める効果《こうか》のあるショウガや、ビタミンAが多《おお》いカボチャやニンジンがオススメです。スープやポタージュにすると、消化《しょうか》もしやすく身体《からだ》も温《あたた》まって効果的《こうかてき》ですよ。

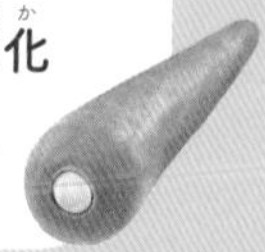

Q おなかが痛《いた》いときにオススメの野菜《やさい》を教《おし》えて！

A

キャベツがオススメです。「キャベジン（ビタミンU）」が豊富《ほうふ》に含《ふく》まれており、胃《い》ねんまく組織《そしき》の修復《しゅうふく》を助《たす》けてくれます。胃《い》かいようの予防《よぼう》・改善《かいぜん》に役立《やくだ》つことから、胃腸薬《いちょうやく》にも配合《はいごう》されています。

@Hidamarinyanさん

Q & A

@Mayumayu8358さん

Q テツさんのお気《き》に入《い》りの野菜《やさい》はなに？

A とろろが好《す》きなのでナガイモですね！
焼《や》きトウモロコシや
マイタケの天《てん》ぷらも大好《だいす》きです。

Q サラダにオススメの野菜《やさい》を教《おし》えて！

A 僕《ぼく》はシャキシャキとした食感《しょっかん》の大根《だいこん》サラダが好《す》きです。
あと、これは賛否《さんぴ》ありますが、キウイフルーツやリンゴ、柿《かき》などの果物《くだもの》を入《い》れるとみずみずしくなっておいしいな、と大人《おとな》になってから思《おも》うようになりました。

@po_nyo_taroさん

みんなの

@amoamo12さん

Q ベビーリーフの保存方法《ほぞんほうほう》を教《おし》えて!

A

ベビーリーフは乾燥《かんそう》と暑《あつ》さに弱《よわ》いので
対策《たいさく》が必要《ひつよう》です。
以下《いか》の手順《てじゅん》を試《ため》してみてください。

①ベビーリーフをよく洗《あら》う
②水気《みずけ》をしっかりと切《き》る
③ふた付《つ》き保存容器《ほぞんようき》の底側《そこがわ》に
ぬれたキッチンペーパーを敷《し》く
④ベビーリーフを入《い》れる
⑤ぬれたキッチンペーパーをかぶせる
⑥ふたをして冷蔵庫《れいぞうこ》の冷蔵室《れいぞうしつ》に入《い》れる

Q & A

Q ミカンが長《なが》持《も》ちする保《ほ》存《ぞん》方《ほう》法《ほう》を教《おし》えて！

A

ミカンの最適《さいてき》な保存温度《ほぞんおんど》は5～10度《ど》と言《い》われています。

ですので、冬《ふゆ》の場合《ばあい》は常温《じょうおん》の冷暗所《れいあんしょ》（玄関付《げんかんふ》近《きん》など）、それ以外《いがい》の季節《きせつ》は野菜室《やさいしつ》に入《い》れるのがオススメです。

常温《じょうおん》であればヘタを下《した》に向《む》けて保存《ほぞん》しましょう。冷蔵庫《れいぞうこ》に入《い》れる場合《ばあい》は乾燥防止《かんそうぼうし》に1個《こ》ずつキッチンペーパーでくるみ、保存袋《ほぞんぶくろ》に入《い》れてあげるとより長持《ながも》ちさせることができます。

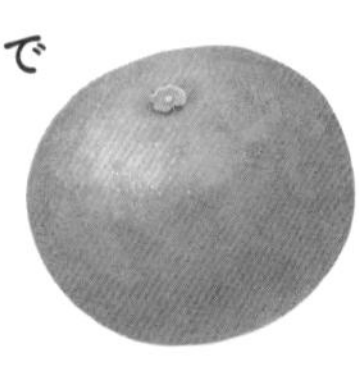

@child_oba さん

みんなの

@hota1026 さん

Q ブロッコリーの上手《じょうず》な洗《あら》い方《かた》を教《おし》えて！

A

小《ちい》さな虫《むし》や汚《よご》れ残《のこ》りが不安《ふあん》なら、あらかじめ小《ちい》さな房《ふさ》にカットしてから、水《みず》につけてジャバジャバ洗《あら》うとさらによく洗《あら》うことができます。

Q キャベツやレタスの鮮度《せんど》を保《たも》つ使《つか》い方《かた》を教《おし》えて！

A

包丁《ほうちょう》を入《い》れると切《き》り口《くち》からいたんでしまうので、外側《そとがわ》の葉《は》から一枚一枚《いちまいいちまい》むいて使《つか》っていく方法《ほうほう》がいいですよ。

@_ryuu_no_ さん

おわりに

ここまで読《よ》んでくださり、ありがとうございます。
この本《ほん》をきっかけにして、
野菜《やさい》が好《す》きな人《ひと》はもっと野菜《やさい》が好《す》きになり、
野菜《やさい》が苦手《にがて》な人《ひと》は
少《すこ》しでもその魅力《みりょく》に気《き》づいてくだされば、
とてもうれしいです。
僕《ぼく》には小学生《しょうがくせい》の娘《むすめ》がいるのですが、
小《ちい》さいときに野菜《やさい》を好《す》きでいてくれたら、
大《おお》きくなって独《ひと》り立《だ》ちしてからも、
きっと野菜《やさい》をたくさん食《た》べてくれるはずだと信《しん》じて、
普段《ふだん》から野菜《やさい》のありがたみを伝《つた》えるようにしています。
多《おお》くの子《こ》どもたちが
もっともっと野菜《やさい》を好《す》きになりますように。

青《あお》髪《がみ》のテツ

参《さん》考《こう》文《ぶん》献《けん》

農林水産省ホームページ「第95次農林水産省統計表」（令和2年度）

農林水産省ホームページ「作況調査（果樹）」

総務省統計局ホームページ「家計調査」

日本酵素協会ホームページ「酵素一覧」

蒲池桂子／田中明（監修）『野菜と栄養素キャラクター図鑑』日本図書センター（２０１７）

板木利隆（監修）『からだにおいしい 野菜の便利帳』高橋書店（２００８）

青髪のテツ（あおがみのてつ）

スーパーマーケット青果部に10年以上勤務し、エリアマネージャーとして野菜や果物の仕入れ、販売を行っている。Twitterでは、野菜の正しい保存方法やおいしい野菜の選び方のほか、いち早く野菜・果物の高騰情報を発信するなど、野菜のプロならではの鮮度のよい情報を惜しみなく公開。野菜・果物のインフルエンサーとして活躍している。著書に『野菜売り場の歩き方』（サンマーク出版）がある。

わたなべみきこ

手描きのタッチを得意とする熊本市在住のイラストレーター。数社でweb・グラフィックデザイナーとして勤務したのち、2011年よりフリーランスに。食べ物、自然、生活の身近にあるものを描くことが好き。

スーパーのエキスパート店員《てんいん》が教《おし》える
おいしい野菜《やさい》まるみえ図鑑《ずかん》

2023年 2月10日 初版発行
2023年11月25日 3版発行

著者 青髪《あおがみ》のテツ
イラスト わたなべみきこ
発行者 山下直久
発行 株式会社 KADOKAWA
〒102-8177 東京都千代田区富士見 2-13-3
電話 0570-002-301（ナビダイヤル）
印刷所 株式会社加藤文明社印刷所

●お問い合わせ
https://www.kadokawa.co.jp/（「お問い合わせ」へお進みください）
※内容によっては、お答えできない場合があります。
※サポートは日本国内のみとさせていただきます。
※Japanese text only
定価はカバーに表示してあります。

ISBN 978-4-04-606125-6 C0077